AF330529

L'ATTITUDE

DE L'ANGLETERRE

VIS-A-VIS

DE LA FRANCE

EN

1870-1871

LE CABINET GLADSTONE ET L'OPINION PUBLIQUE

PAR

Georges-Denis WEIL

JUGE AU TRIBUNAL DE LA SEINE

PARIS

IMPRIMERIE MARPON ET FLAMMARION

26, RUE RACINE, 26

1891

L'ATTITUDE DE L'ANGLETERRE

VIS-A-VIS

DE LA FRANCE

EN 1870-1871

LE CABINET GLADSTONE ET L'OPINION PUBLIQUE

L'ATTITUDE

DE L'ANGLETERRE

VIS-A-VIS

DE LA FRANCE

EN

1870-1871

—

LE CABINET GLADSTONE ET L'OPINION PUBLIQUE

PAR

Georges-Denis WEIL

JUGE AU TRIBUNAL DE LA SEINE

PARIS

IMPRIMERIE MARPON ET FLAMMARION

26, RUE RACINE, 26

—

1891

récit de quelque misère ? Et puis, alors que tant de gens n'apprennent l'histoire contemporaine qu'au jour le jour, qu'une élite seule revient sur ses pas pour l'étudier, combien parmi les *enmurés* de Paris n'ont jamais trouvé l'occasion de s'initier rétrospectivement à tels ou tels faits qui se sont déroulés pendant quatre mois aux portes de leur prison ! En tous cas ils ne doivent pas craindre de trop scruter un des côtés les plus instructifs de la catastrophe : je veux parler de l'attitude des puissances qui nous ont, à cette époque, si lestement abandonnés.

L'Angleterre s'est signalée entre toutes, dans ce mouvement de désertion, par un égoïsme qui, de sa part, nous a semblé plus particulièrement cruel. En effet, que d'autres peuples aient fléchi qu'on aurait cru plus fermes, ils étaient à portée de la férule prussienne, et la peur de représailles plus ou moins imminentes les paralysait. Mais l'Angleterre, en sûreté dans son île, pouvait à bon compte se montrer plus brave. Elle pouvait élever la voix en faveur de ses frères d'armes de Crimée sans avoir à appréhender derrière ses remparts, alors inaccessibles, cette fameuse bataille de Dorking que lui a prédite depuis un de ses historiens, précisément comme conséquence ou comme châtiment de son effacement dans une lutte où l'honneur n'était pas seul à la convier, mais où la politique lui dictait aussi un rôle.

I

Nous voulons retracer ici cette apathie, cette indifférence marquée d'ingratitude dont le Gouvernement britannique fit preuve, il y a vingt ans, à notre égard. On trouve là un haut enseignement, et la leçon la plus profitable, la plus pratique, pour apprendre sous quelles conditions le concours de la Grande-Bretagne peut nous être acquis à l'heure du danger. L'étude approfondie des événements de 1870 est faite pour dessiller les yeux des optimistes qui se flatteraient par hasard de voir l'Angleterre venant

jamais à nous pour défendre une cause autre que celle de son intérêt envisagé au point de vue le plus étroit. Car enfin serons-nous
jamais en position d'invoquer contre elle des titres plus pressants
et de plus fraîche date que nos titres d'alors ? et si elle a laissé
protester notre lettre de change tirée presque au lendemain d'Inkermann, si nos cris de détresse du fond de l'abîme l'ont laissée
sourde en ce temps-là, quand donc les écoutera-t-elle ? Mais, en
même temps que l'examen de sa politique pendant la guerre
franco-allemande nous démontre que la reconnaissance ne saurait avoir de part à ses conseils, nous y trouvons matière à apprécier dans quelle mesure, après sa dernière expérience, un peuple
si âpre pour ce qui touche ses intérêts, les croirait liés au sort
de la France encore une fois menacée, et dans quelle mesure un
gouvernement soucieux de l'opinion publique comme l'est un
ministère anglais céderait alors à l'impression populaire. Pareilles éventualités valent bien la peine qu'on les médite.

Nous disions plus haut que l'Angleterre avait assisté indif-
férente et inerte à la ruine de la France. Mais ce serait adoucir
les expressions aux dépens de la vérité que de parler seulement
d'inertie. Plût à Dieu que le Cabinet britannique se fût contenté
de demeurer immobile ! Le reproche que la France lui adresse,
ce n'est pas même de s'être abstenu de la secourir, c'est d'avoir,
par une action malfaisante, empêché d'autres nations plus généreuses de se lever pour la cause française ; c'est d'avoir, en un
mot, opéré le vide autour de nos drapeaux. Eût-on jamais pu
penser, malgré les déclamations séculaires contre les « marchands anglais », qu'ils dussent pousser jusqu'à ce point l'oubli
des services rendus ? L'assistance que nous leur avions jadis
prêtée se rattachait cependant aux crises les plus aiguës de leur
histoire ; elle s'était produite dans des dangers qui ne s'effacent
pas aisément de la mémoire d'un peuple : ne reparlons plus de
la Crimée, mais nous venions encore de leur montrer notre bonne
volonté, et de leur rendre un bon office lors de cette formidable
insurrection de l'Inde (1), où leur empire avait failli sombrer.
En retour, il a fallu que le Gouvernement anglais, sinon par

(1) Lord Cowley, ambassadeur d'Angleterre, ayant, à l'époque, informé
le comte Walewski que le Cabinet britannique avait l'intention de demander
à la Porte l'autorisation de faire passer par l'Égypte les troupes en route
pour l'Inde, M. Walewski fit savoir à notre ambassadeur « que l'Empereur

malveillance, du moins pour le plus grand bien de l'Angleterre, se comportât vis-à-vis de nous en ennemi : en effet, si l'Autriche ou l'Italie, qui ont senti s'éveiller en notre faveur des sympathies un peu tardives, ne sont pas venues se placer dans nos rangs, c'est que le Cabinet britannique avait pris soin de les enchaîner en les enrôlant avec toute l'Europe dans la *Ligue des Neutres*. Ne semble-t-il pas avoir pris à tâche, comme le Cabinet autrichien au moment de la guerre de Crimée, « d'étonner le monde par son ingratitude » ? Sera-t-il jamais permis de se fier à une nation, après de pareils procédés, et n'est-ce pas le cas d'étendre aux peuples ce passage du psaume que l'Écriture applique aux rois et que Strafford répétait dans sa prison : « *Nolite confidere principibus...* » ?

La France a, à l'heure de la lutte, ressenti avec une cuisante amertume le coup ainsi porté par une main qu'elle croyait amie. Un petit journal illustré traduisit le sentiment populaire dans une image touchante qui n'a pas échappé à nos voisins, et que leurs *Revues* ont relevée : on voit un Anglais passer dans la rue devant un zouave qui a perdu un bras en Crimée; il s'apprête à lui faire l'aumône, quand l'autre lui répond fièrement : « Je ne vous demande rien. Il me reste encore ce bras vigoureux qui vous a sauvé la vie à Inkermann. »

Mais la rancune répugne au tempérament français. C'est ainsi

---

aviserait le Sultan et le Pacha du plaisir qu'il éprouverait à entendre que toutes facilités seraient données aux troupes de Sa Majesté pour traverser l'Egypte; et que, quant à lui, il était tout disposé à offrir auxdites troupes le passage à travers la France, si cet itinéraire pouvait abréger leur voyage. » Or, on sait qu'une partie des troupes anglaises a passé par l'Égypte; et si ce chemin leur a été ouvert, la France peut bien s'attribuer en partie le mérite de le leur avoir ménagé.

Le Gouvernement français a encore témoigné de son désir d'assister l'Angleterre dans la crise, par l'offre cordiale d'un autre service également précieux. Le gouverneur de Maurice ayant été obligé de dégarnir l'île de troupes à l'effet de les envoyer au Bengale sur le théâtre de l'insurrection, le gouverneur de notre colonie de la Réunion lui écrivait, à la date du 14 septembre 1857, pour lui faire observer que le mouvement insurrectionnel aurait peut-être bien son contre-coup à Maurice, qui renfermait plus de 132,000 Indiens; et, dans ces conditions, il lui proposait, au premier symptôme de révolte, d'envoyer à son secours une partie de la garnison de la Réunion : « Vous n'avez, - écrivait-il, - qu'à faire un signe, et les troupes françaises seront à vos ordres. » (V. *Report from the Select Committee on East India* (transport *of troops*), présenté à la Chambre des Communes le 1er juillet 1858, p. X.)

que non seulement il y a beau temps que nos relations avec l'Angleterre ont repris leur allure cordiale, mais que même, dès le mois de mars 1871, à l'Assemblée nationale, un membre voulait faire voter un témoignage de gratitude au peuple anglais pour quelques sacs de farine qu'il nous avait envoyés lors du ravitaillement. L'Assemblée a écarté comme il convenait cette étrange proposition, dont le rejet paraît avoir choqué fortement les *bienfaiteurs*. Mais aussi ils ont fait preuve d'une inconscience par trop naïve, s'ils ont sincèrement prétendu alors à un remerciment officiel au nom de la France. Sans doute ils avaient accompli une bonne action, et bien en harmonie avec leur caractère, qui est au fond compatissant. L'Anglais a le cœur plus large encore que le personnage de Térence. La sollicitude de celui-ci ne s'étendait qu'à ce qui touche l'homme : « *Humani nihil a me alienum...* » Mais la bonté de l'autre s'étend sur toute la nature. Il a organisé pour la protection des animaux des mesures et une surveillance plus perfectionnées qu'en aucun pays, et le Royaume-Uni est le vrai paradis des bêtes. Dès lors que nos voisins s'intéressent ainsi au bien-être des chevaux, des chiens, même des pigeons, il serait anormal que la souffrance humaine les laissât indifférents, dans la mesure où chacun, de son fauteuil, peut l'alléger. En envoyant à de pauvres affamés les miettes de leurs tables, ils n'ont donc fait qu'obéir une fois de plus — nous sommes les premiers à leur rendre hommage sur ce point — aux inclinations humanitaires qui les distinguent. Mais ils n'ont pu penser pour tout de bon que ce facile sacrifice les avait rachetés du sacrifice sérieux et viril que la France attendait d'eux et auquel ils s'étaient si piteusement soustraits. Ils n'ont pu sincèrement se flatter que ce rôle de philanthrope tardif allait effacer l'autre, et rejeterait instantanément dans l'ombre leur part de complicité morale dans les maux, qu'avec un zèle louable d'ailleurs, ils s'efforçaient désormais de soulager.

II

Ce n'est pas cependant qu'en condamnant leur cruelle désertion, il faille rendre contre eux un verdict sans merci, et leur
refuser le bénéfice de certaines excuses que leur a refusé con-
temporainement une passion trop aveugle. Ils ont, il est vrai,
fait passer l'intérêt avant l'honneur, et méconnu la loi morale
qui régit les nations comme les particuliers. Mais on ne saurait
cependant oublier que s'ils ont eu une défaillance, s'ils ont cédé
à la tentation, ils ont cru du moins, à tort ou à raison, ne fléchir
que devant une question de salut public. Ils paraissent avoir
pris le parti de l'inaction non pour en recueillir un regain de
prospérité ou un développement d'influence, mais parce qu'à
leurs yeux fascinés par une crainte chimérique, cette attitude
était la condition de la conservation de leur empire. L'armée
britannique n'est jamais bien nombreuse, et on connaît le mot
d'un de nos généraux : « L'infanterie anglaise est la plus redou-
table de l'Europe. Heureusement il n'y en a pas beaucoup. » Or
précisément à l'heure où éclata la déclaration de guerre, l'effectif
venait encore d'être réduit presqu'en deçà du pied de paix; et
lorsque le Gouvernement crut devoir l'augmenter au début de la
campagne, les troupes pouvant constituer une défense sérieuse
n'atteignaient encore qu'un chiffre insignifiant. S'il faut en
croire un article du *Standard* du 17 septembre 1870, l'armée
régulière comprenait alors à peine 51.000 fantassins et 11.000
cavaliers (1). Partout l'indignation éclatait contre le ministre de

(1) Lord Bury, parlant à un banquet des Volontaires de la division de la
Banque d'Angleterre, le 24 décembre, était plus décourageant encore quant
à l'état des forces nationales : « En réalité, disait-il, nous avons à peine
40,000 hommes de troupes régulières en état de tenir la campagne; et encore en temps de guerre, il nous faudrait envoyer des détachements pour les
colonies. »

la guerre qui n'avait pas mieux avisé à la défense nationale ; et partout en même temps des cris d'alarme étaient poussés par quiconque imaginait cette poignée d'hommes aux prises avec les armées innombrables du Continent. Ces cris se répercutaient soit dans la presse, soit dans les circonscriptions électorales que les membres du Parlement parcouraient après la session. Les plus vieux hommes d'État venaient à la rescousse ; et lord John Russell, dans une lettre retentissante, proclamait le danger auquel cette espèce de désarmement exposait le pays. Par suite, une panique ridicule envahissait les esprits ; et comme au temps de Napoléon Ier, on en arrivait à se préoccuper du cas où le vainqueur froissé sérieusement ou non par les représentations, même les plus pacifiques, préparerait une descente en Angleterre. « S'il parvenait à débarquer, s'écriait-t-on de toutes parts, est-ce avec quelques milliers de volontaires qu'on repousserait des troupes qui viennent d'avoir raison de l'armée française ? » Sans doute, cette crainte d'une descente de l'armée allemande était trop absurde pour avoir jamais revêtu un caractère bien défini et bien tranché. Sans doute, avec un peu de sang-froid, et le désir quelque peu sincère d'assister la France, avec le sentiment des devoirs qu'ils avaient vis-à-vis d'elle, les Anglais ne se seraient jamais forgé de pareilles chimères ; mais enfin elles ont certainement hanté leurs cerveaux. Le Cabinet a essayé à l'heure même, et plus tard, de justifier son attitude en disant qu'elle avait été une attitude de prudence et de réserve. Pour nous, s'il avait vraiment calculé avec cet impitoyable sang-froid pendant que la France s'écroulait pièce à pièce, c'est pour le coup que nous le jugerions impardonnable. Non, ce qui excuse, sans les rehausser, les ministres de la nation, c'est qu'ils ont cédé à la peur qui ne raisonne pas, à la terreur inspirée par les succès surprenants des Prussiens. Ils ont cru qu'il y allait de leurs autels et de leurs foyers à ne pas bouger, et ils sont demeurés l'arme au pied. Voilà l'explication de leur conduite. Elle doit leur concilier une indulgence tant soit peu dédaigneuse, j'en conviens, mais la seule à laquelle ils aient droit.

III

Ils peuvent aussi réclamer un peu de pitié, quoique ce terme puisse faire frémir leur orgueil. Car ils ont chèrement expié leurs torts, soit que ces torts doivent demeurer surtout à la charge du Cabinet, soit qu'il faille les mettre au compte de la nation entière, qui a bien essayé de désavouer plus tard le Gouvernement, mais qui a commencé par l'encourager dans sa résolution. L'année 1870 a vu éclore des mots malheureux de l'un et de l'autre côté de la Manche, et le « cœur léger » de M. Ollivier a trouvé un écho dans la bouche du premier ministre du Royaume-Uni. Au plus fort de la tempête déchaînée sur le continent, M. Gladstone saisi d'une fièvre littéraire qui parut alors quelque peu indiscrète, M. Gladstone, non content de faire l'histoire, voulut encore l'écrire. Au mois de novembre, il publiait dans la *Revue d'Edimbourg*, sous le voile transparent de l'anonyme, un article relatif à la guerre, article dans lequel, après avoir tancé vertement tour à tour et vainqueurs et vaincus, il ne pouvait s'empêcher d'exhaler naïvement son égoïsme, l'égoïsme national, et de manifester sous une forme poétique, à la Lucrèce, sa satisfaction d'avoir tiré du jeu son épingle, ou plutôt l'épingle de l'Angleterre. On aurait cru entendre les sons du chalumeau du berger de la première églogue de Virgile. Seulement ce n'était pas, comme dans l'églogue, Mélibée infortuné et proscrit qui chantait le bonheur de Tityre. C'est Tityre lui-même qui se targuait, sans ménagement, de la sécurité de ses doux loisirs, à la face de Mélibée laissé sans foyer : « Heureuse Angleterre ! — s'écriait-il dans la conclusion de cet article, — heureuse non parce qu'une immaculée conception l'aurait exemptée du péché originel des nations, soit du désir d'ériger sa volonté en loi, et aussi de la convoitise pour des agrandissements territoriaux; heureuse non seulement parce qu'elle est *felix prole virum*, parce que ce royaume uni est peuplé d'une race dont l'énergie et la qualité ne sauraient être dépassées, mais heureuse spécialement dans les circonstances actuelles en ce que, grâce à une sage dispensation de la providence, elle a, par ce filet d'une mer argentée, été détachée, non sans doute des devoirs et des honneurs, mais mise en partie à l'abri contre les dangers, et qu'elle a été surtout arrachée à la tentation qui sévit dans le voisinage des nations continentales. »

Comme M. Gladstone disait ces mots, de tous les bouts de l'horizon, malgré le rempart du filet argenté, les revers s'abattaient sur l'*heureuse Angleterre*, et la fortune se chargeait de lui enseigner que la politique de l'égoïsme n'est pas toujours la plus profitable. Tout d'abord fondait sur elle comme une bombe le fameuse circulaire du prince Gortschakoff, dénonçant le traité de 1856 qui avait mis fin à la guerre de Crimée : la Russie, à la faveur des événements, notifiait aux puissances qu'elle entendait tenir comme non avenu l'article qui neutralisait la Mer Noire, et qui en interdisait l'accès aux vaisseaux de guerre. Cette notification souleva une véritable fureur dans le royaume. Le Gouvernement fut mis en demeure de déclarer la guerre à la Russie. Une solution pacifique qui fut l'œuvre de la Conférence de Londres finit cependant par prévaloir ; mais la Grande-Bretagne n'en dut pas moins plier devant la prétention de sa rivale. Elle dut subir l'abolition du traité ; et en gémissant sur cette défaite diplomatique, que la Russie n'avait pu lui infliger qu'avec la connivence de l'Allemagne, elle put se rendre compte que les destinées de la France n'étaient pas sans influence sur la sienne, et qu'elle n'avait peut-être pas calculé juste en croyant

pouvoir toujours du bord contempler les orages.

Accessoirement venaient s'ajouter des démêlés avec les États-Unis : la question du règlement de l'indemnité de l'*Alabama*, qui était depuis longtemps pendante, s'envenimait de la façon la plus grave. Un des personnages marquants dans la politique américaine, appartenant au parti républicain alors au pouvoir, représentant le grand État du Massachussets, le général Butler qui passait pour un candidat utile à la Secrétairerie d'État, et même, dans un avenir ultérieur, à la Présidence, lançait à Boston, en pleine réunion publique, la déclaration de guerre la plus formelle à la face de l'Angleterre (1), et cela non sans avoir, suivant l'opinion générale, obtenu l'assentiment préalable du Président Grant, dont le Message, publié quelques jours plus tard, ne respirait pas davantage des sentiments conciliants vis-à-vis de l'ancienne Métropole. L'Allemagne qui aurait voulu obtenir d'elle une neutralité bienveillante, c'est-à-dire, sous cet euphémisme, un véritable concours, et qui, emportée par l'enivrement de la victoire, entendait appliquer aux peuples faibles l'axiome : « Qui n'est pas avec moi est contre moi », l'Allemagne comprenant qu'elle pouvait tout oser vis-à-vis d'une nation amoureuse avant tout d'un repos peu glorieux, *otium sine dignitate*, l'accablait d'avanies : tantôt les officiers prussiens faisaient couler à fond près de Rouen, sans autre forme de procès, des navires anglais qui gênaient les opérations militaires ; tantôt M. de Bismarck annonçait l'intention de violer la neutralité du Luxembourg, neutralité dont l'Angleterre comme la Prusse, étaient une des puissances garantes par le traité signé à Londres en 1867. Enfin, il ne faut pas l'oublier, c'est à la suite de nos défaites, à la suite de ces triomphes dont l'Angleterre lui a aplani l'achèvement, que cette même Allemagne a pu jeter les bases de sa puissance maritime, et que *l'heureuse Angleterre* a pu depuis la retrouver en Afrique.

Voilà les événements dont le chant d'allégresse de M. Gladstone a semblé donner le signal. Quant au Cabinet dont le chef avait écrit ces mots légendaires, c'était à qui ferait pénitence sur son dos ; et plus ces néophytes avaient, quelques jours auparavant, prêché avec conviction l'abandon de la France, plus ils enflaient la voix pour dénoncer les ministres lâches et incapables, qui par leur politique timorée et imprévoyante avaient abaissé la nation. Le refrain « Heureuse Angleterre ! » était répété d'un bout du pays à l'autre avec la plus ironique amertume. Il a

---

(1) Il déclarait que si l'Angleterre différait plus longtemps les réparations demandées, il ne fallait pas hésiter : « Les États-Unis ont un million et demi de hardis Irlandais, ardents pour la guerre ; et la conquête du Canada s'en suivra. » Comme républicain, il affirmait que la guerre serait appuyée par une majorité dans le parti démocratique, et qu'on assurerait ainsi pour des générations la domination du parti républicain.

même passé la Manche, et inspiré plus tard, dans la *Revue des Deux-Mondes*, un article auquel l'auteur a plaisamment donné pour titre : « Les mésaventures d'un peuple heureux. »

Ce ministère si décrié n'est cependant tombé que quatre années après la guerre. Mais après quatre ans, c'est encore le souvenir de 1870 qui a contribué à sa chute. Lord Derby a, un jour, infligé à la politique de lord Palmerston la qualification de politique de touche-à-tout (*middle and muddle*); elle mérite en effet, par ses allures souvent téméraires, ce reproche qui du reste ne l'atteint pas dans toutes ses parties, et ne doit pas faire oublier ses côtés glorieux et brillants. Mais, à distance, elle a grandi aux yeux des Anglais; elle leur est apparue environnée d'une auréole après les hontes auxquelles venait de les condamner la torpeur d'un ministère comprenant parmi ses membres M. Bright, un grand citoyen assurément, mais fameux aussi comme l'homme de la paix à tout prix. Dégoûtés d'un engourdissement fatal, ils ont eu de nouveau soif de l'agitation, même avec ses dangers; et c'est ainsi qu'en 1874, le pays a demandé à grands cris une politique mouvementée (*spirited*), et que M. Disraeli a été appelé à en prendre la direction.

IV

Si les *mésaventures du peuple heureux* sont faites pour désarmer en partie les ressentiments, une considération plus sérieuse rend le pardon plus facile encore. Les mauvais procédés ne doivent pas faire complètement oublier les bons offices. Or le Gouvernement qui, une fois la guerre déchaînée, s'est si complètement soustrait à ses obligations internationales a, au contraire, pendant la période des incidents préliminaires, observé une attitude qui l'honore grandement; et il avait si sagement manœuvré que, sans la folie du Gouvernement impérial, il réussissait à prévenir la lutte. On s'étonnerait de surprendre dans ce noble rôle les ministres qui allaient en déchoir le lendemain, et à quelle profondeur, si l'on ne songeait qu'au début l'intérêt anglais concourait avec les lois de la morale et de l'humanité à l'effet de tracer au Cabinet sa ligne de conduite. L'Angleterre avait tout à redouter d'une guerre qui compromettait son commerce, sa navigation, et pouvait l'impliquer dans de graves embarras, notamment au sujet de la Belgique. En conséquence ses ministres ont tout fait pour conjurer le fléau. Quel que soit l'esprit qui ait inspiré ces efforts, nous serions ingrats à notre tour, si nous en méconnaissions le prix. C'était en somme le salut qu'on nous offrait et que nous avons repoussé. Il faut savoir gré au Cabinet Gladstone d'avoir défendu les principes de la civilisation, quand même il n'aurait pas été guidé par la seule philanthropie.

Le Gouvernement anglais a donc bien mérité du monde entier, comme de la France à cette époque. Il a agi auprès des parties en cause avec non moins de tact que d'ardeur, — pressant l'Espagne de revenir sur un choix malencontreux, prêchant la modération à Paris, et conseillant en même temps à Berlin des concessions, non sans succès, puisque c'est grâce à l'insistance anglaise que le Roi de Prusse avait fini par donner « son approbation complète et sans réserve » au retrait de la candidature Hohenzollern : — tout cela enveloppé dans un langage dont la fermeté n'excluait pas la mesure. On connaît, du reste, la correspondance diplomatique qui fut échangée alors; elle constitue en faveur du Cabinet le plus éloquent témoignage. On y voit avec quelle énergie lord Granville blâmait la témérité du duc de Grammont, et quels sévères avertissements il ne craignait pas de lui faire entendre au travers des circonlocutions officielles : « J'ai dit, écrivait-il, le 6 juillet, à lord Lyons, j'ai dit à M. de Lavalette (l'*ambassadeur de France*)... que je comprenais parfaitement le fâcheux effet que la nouvelle (*de la candidature Hohenzollern*) avait dû produire en France, quoique je n'approuvasse pas tous les arguments qu'il avait mis en avant pour démontrer de quelle importance pouvait être pour une grande nation comme la France, l'établissement d'un prince allemand sur le trône d'Espagne... J'ai dit que je regrettais le langage péremptoire qui aurait été tenu au baron Werther (1), et dont V. Exc. m'avait transmis la teneur. » Le 12 juillet, alors que le prince allemand a retiré sa candidature, et que M. de Grammont déclare à lord Lyons que cette renonciation ne saurait suffire, que le ministère entend exiger encore la sanction du Roi à cette renonciation : « Je n'ai pas caché à M. de Grammont, - écrit lord Lyons à lord Granville, - ma surprise et mon regret de voir le Gouvernement français hésiter à accepter la renonciation comme mettant fin à la querelle. Je lui ai rappelé d'une façon précise qu'il m'avait formellement autorisé à donner au Gouvernement de S. M. l'assurance que si le prince retirait sa candidature, l'affaire serait terminée... Si la guerre était déclarée maintenant, toute l'Europe dirait que c'est par la faute de la France, que la France s'est jetée dans la lutte sans cause sérieuse, purement par orgueil et par ressentiment... En fait, ai-je dit, la France aurait par tout le monde l'opinion publique contre elle, et son adversaire aurait l'avantage de paraître entamer une guerre de légitime défense. » Lord Granville, en donnant pleine approbation au langage de son Ambassadeur, l'invitait, à la date du 13 juillet, à renouveler ses représentations au Conseil des ministres qui avait été convoqué pour le jour même 13 juillet, et à faire sentir au Gouvernement de l'Empereur « l'immense responsabilité qui pèserait sur la France si elle cherchait à agrandir le terrain de la querelle, en refusant d'accepter comme une solution satisfaisante le retrait de la candidature. »

Tout en tenant ce langage désapprobateur, tout en condamnant une exigence non justifiée, il tâchait de déterminer le Roi de Prusse à y déférer par esprit de modération, et insistait auprès de lui dans ce sens avec la plus délicate circonspection. Il écrivait à lord Lyons, le 14 juillet, en lui faisant connaître la démarche ainsi tentée : « La requête a été soumise au Roi dans les termes suivants, à savoir : que puisque S. M. avait consenti à l'acceptation par le prince Léopold de la couronne d'Espagne, et puisqu'Elle était ainsi, en une certaine façon devenue partie à l'arrangement, Elle pouvait, avec une dignité parfaite, communiquer au Gouvernement français son consentement au retrait de

_____

(1) « Que la France ne tolérerait pas l'établissement d'un prince allemand sur le trône d'Espagne. »

ladite acceptation, du moment que la France abandonnait sa prétention quant à un engagement pour l'avenir. Une telle communication, - a dit le Gouvernement de S. M., - faite sous l'inspiration d'une puissance amie, fournirait la meilleure démonstration du désir dont le Roi est animé pour le maintien de la paix. »

Lorsque les efforts pacificateurs de l'Angleterre eurent échoué, le Cabinet essaya encore d'intervenir entre la déclaration de guerre et le premier coup de canon; il tenta d'imposer sa médiation aux belligérants en invoquant le 23e protocole de la Conférence de 1856 dont les dispositions sont ainsi conçues : « Les plénipotentiaires n'hésitent pas à exprimer au nom de « leurs Gouvernements le vœu que les États entre lesquels s'é- « lèverait un dissentiment sérieux, avant d'en appeler aux armes, « aient recours, en tant que les circonstances le comporteraient, « aux bons offices d'une puissance amie. » Mais la France se refusa à cette médiation, en revendiquant les dispositions finales du même protocole : « Que le vœu exprimé par le Congrès ne sau- « rait en aucun cas opposer des limites à la liberté d'appré- « ciation qu'aucune puissance ne peut aliéner dans les questions « qui touchent à sa dignité. »

Jusqu'à la dernière heure, le Cabinet anglais a donc épuisé toutes les ressources de la diplomatie pour prévenir l'orage. Aussi, quand nous le jugeons, faut-il, comme à un accusé ordinaire, lui tenir compte de ses antécédents, et faire entrer dans la balance les services rendus avant la lutte pour faire contrepoids au pesant fardeau des griefs postérieurs.

V

Ce devoir d'équité s'impose d'autant mieux que soit les haines internationales, soit l'esprit de parti dans le pays même ont pris à tâche de travestir le rôle du ministère, et ont prétendu voir de

la mollesse, là où avait été, au contraire, déployée une vigueur
du meilleur aloi. Tantôt c'est M. de Bismarck, — dont l'historio-
graphe Busch nous a consigné si minutieusement les propos d'a-
près boire, — qui, en novembre 1870, au plus fort de ses accès
d'irritation contre l'Angleterre, après s'être écrié : « Ces gens-là
« n'osent rien faire... Non, il n'y a rien à craindre d'eux, comme
« il y a quatre mois il n'y avait rien à en attendre, » ajoutait :
« Si au commencement de la guerre, les Anglais avaient dit à
« Napoléon : — Il n'y aura pas de guerre, — il n'y en aurait
« pas eu ». Tantôt c'est M. Disraeli qui, en 1871, lors de la discussion de l'Adresse, heureux de trouver un prétexte pour atta-
quer les ministres, leur reproche de ne pas avoir su déployer en
temps une énergie suffisante, et qui, pour aggraver à leur charge
la faute de n'avoir pas maintenu au complet l'effectif de l'armée,
vient dire que là est tout le mal, que là est l'obstacle qui a fait
échouer la médiation anglaise : « Avec une neutralité armée,
avec l'apparence de la force qu'on n'aurait d'ailleurs pas mis en
mouvement, le cabinet, - disait-il, - aurait intimidé Napoléon III, et l'aurait contraint au repos. Quand l'Ambassadeur de
la Reine est venu trouver l'Empereur des Français, et lui annon-
cer qu'il avait réussi dans sa difficile et importante tâche (*l'acquiescement du roi au retrait de la candidature Hohenzollern*)
et que l'Empereur, nonobstant l'appel qu'il avait adressé à la
Reine pour qu'elle eût à exercer son influence, nonobstant encore le succès de l'influence ainsi exercée par S. M., est venu
déclarer : « Je n'en ferai néanmoins qu'à ma tête, » — lord
Lyons aurait dû répondre : « Ceci est un outrage à la couronne
« d'Angleterre, et j'ai mission de vous prévenir que, si vous faites
« aussi bon marché du résultat de l'intervention de la Reine, si
« c'est là votre façon d'exprimer votre reconnaissance pour l'heu-
« reux succès de l'influence de notre souveraine, vous devez en
« subir les conséquences. Je ne dis pas que nous allons nous jeter
« dans la lutte ; mais la neutralité que nous allons observer sera
« une neutralité armée. » — Si telle avait été l'attitude, je ne crois
pas qu'il y aurait eu de guerre. »

Pour justifier ce singulier procédé de menace à l'égard d'un
souverain étranger, M. Disraeli, à la faveur des lumières spé-
ciales que la passion politique lui prêtait, avait découvert un
argument bien bizarre : il était obligé de remonter jusqu'au

traité de 1815, dans lequel par un article spécial, l'Angleterre et la Russie ont garanti alors à la Prusse la possession de ses provinces saxonnes. M. Disraeli appuyant sur cet article un raisonnement rétrospectif qui, au lendemain de nos défaites, détonait comme une raillerie, aurait voulu qu'on eût représenté à Napoléon III que « la guerre pouvait amener l'invasion de la Saxe, de ce territoire garanti par les puissances alliées, et que dès lors, s'il persistait dans la résolution insensée où il était sur le point de s'engager, il réduirait l'Angleterre et la Russie à prendre sinon une position de belligérants, du moins une position hostile. »

M. Gladstone réfuta plaisamment et sans peine son fantaisiste adversaire. Faisant allusion aux paroles d'intimidation que M. Disraeli aurait voulu mettre dans la bouche de lord Lyons : « A peine l'honorable gentleman a-t-il imaginé un pareil langage, - s'écriait-il, - qu'il a senti que ce langage emportait avec soi la présomption que, pour le soutenir, nous ne reculerions pas devant la guerre ; et cependant il a répudié toute intention de partir en guerre pour l'appuyer. Nous aurions dû dire à la France qu'elle infligeait un outrage à la couronne d'Angleterre ; mais en même temps nous devions nous abstenir de déclarer que cet outrage serait ressenti par nous. Et voilà ce que l'honorable gentleman appelle une recommandation d'user de plus d'énergie que nous n'avons fait ! Nous aurions dû dire à la France, — pour prendre les mots propres dont il s'est servi — « Vous subirez les con-« séquences de votre conduite. » Or, ces conséquences la France aurait pu les subir sans grands risques, d'après la déclaration de l'honorable gentleman, puisqu'elles auraient été pour elle, non la guerre, mais simplement notre profond déplaisir. Ce sont là des perspectives qu'un peuple, même moins puissant et moins susceptible que le peuple français, eût été heureux d'affronter, froissé comme il l'aurait été de l'intrusion d'une puissance étrangère sur un domaine où elle n'avait pas droit. La question n'est pas de savoir si la France avait tort ou raison. Dans des termes modérés et amicaux, nous lui avons déclaré qu'à notre sens, elle avait tort de ne pas accepter le retrait de la candidature Hohenzollern. Ayant fait cela, nous sentions que nous avions fait notre devoir tout entier ; et en l'accomplissant, nous avions épuisé tout notre droit. »

Il faut s'associer entièrement à cette défense que M. Gladstone a présentée de sa conduite. Les vrais griefs de la France n'acquièrent que plus d'autorité quand elle sait rendre justice en passant à une assistance loyalement prêtée.

VI

Au surplus, que des efforts plus énergiques aient pu ou non être mis en œuvre par le Cabinet, en tous cas, voici en dépit de lui la guerre déclarée. Dans ces premiers moments, on peut lui pardonner quelque mauvaise humeur contre le Gouvernement qui a repoussé son intervention après l'avoir provoquée, et qui a, de gaîté de cœur, mis l'Europe en feu. Pourtant, si des manifestations anti-françaises se produisirent tout de suite dans le pays et dans la presse, si, dès le début, la nation témoigna ses sympathies pour la Prusse, le Cabinet, quelles que pussent être ses pensées intimes, n'accomplit aucun acte, et ne prononça aucune parole dont la France pût prendre ombrage. Il se contenta de pourvoir aux mesures que la situation commandait pour mettre l'Angleterre à l'abri de complications éventuelles. Il publia d'abord une déclaration de neutralité conçue dans les formes ordinaires. Ensuite, et pour ne pas être exposé à une réédition de l'affaire de l'*Alabama*, il fit modifier dans un sens plus sévère la législation qui interdisait le recrutement sur le sol anglais de volontaires destinés à combattre une puissance amie. Il fit adopter une disposition qui permettait de mettre l'embargo sur tout navire en construction paraissant destiné à figurer dans la lutte : le Gouvernement ne serait pas tenu d'attendre, comme sous l'ancienne législation, que le bâtiment fût tout équipé, et pût ainsi, précisément comme l'avait fait l'*Alabama*, déjouer la surveillance des autorités du port, et prendre la mer à l'improviste. Ces mesures n'étaient que la conséquence stricte et rationnelle d'une politique de neutralité; et bien avisé qui aurait cru y discerner l'indice de dispositions favorables à l'une ou à l'autre des puissances.

Il faut même enregistrer ce détail au crédit de l'impartialité du gouvernement qu'il refusa au capitaine d'Hozier la permission de se rendre à l'état-major prussien pour y remplir, comme il l'avait fait avec succès à l'époque de Sadowa, l'office de correspondant du *Times*.

Cette politique de neutralité très réelle, mais très effacée, le Gouvernement dut la défendre contre des esprits plus ardents, contre M. Disraeli par exemple, qui gourmandait la mollesse ministérielle au milieu d'une lutte où de si graves intérêts étaient en jeu pour l'Angleterre. Il expliquait qu'en présence de l'ambition manifeste des belligérants, le pays avait besoin d'assurer sa position vis-à-vis d'eux, de défendre éventuellement contre eux l'intégrité de deux traités où l'Angleterre était partie, savoir : le traité qui assurait l'indépendance de la Belgique, et celui qui garantissait la neutralité du Luxembourg. Dans ce but, il prêchait une neutralité armée basée sur une entente avec la Russie. Il adjurait le premier ministre de déployer ainsi une énergie qui seule pouvait détourner de grands dangers. Il l'adjurait de ne pas retomber dans les erreurs du cabinet Aberdeen qui, faute d'avoir été en mesure de parler haut, avait laissé les Russes passer le Pruth en 1853, et déchaîner ainsi la guerre de Crimée (1). « Il faut, concluait M. Disraeli, que le Ministère parle aux puissances étrangères avec clarté et fermeté ; et alors le pays ne sera pas impliqué dans la guerre ; et je crois même que l'influence anglaise, combinée avec celle des grandes puissances neutres, pourra hâter le rétablissement de la paix. »

Il est intéressant de noter au passage cette politique prêchée par M. Disraeli, puisque c'est celle-là même que le Gouvernement français a sollicitée plus tard, celle-là qui se serait interposée entre le vainqueur et nous. Mais M. Gladstone déclara se refuser à une neutralité armée : « C'est, - dit-il, - le terme

____

(1) On raconte en effet que l'Empereur Nicolas, tenu alors au courant des discours de MM. Bright, Cobden et autres, insistant tous pour que l'ère des guerres fût à jamais close, était arrivé à la conviction que ces hommes d'État représentaient exactement l'opinion anglaise, et qu'il pouvait dès lors tout à son aise agir à sa guise avec « l'homme malade ». Il aurait déclaré, à son lit de mort, qu'il s'était fourvoyé pour avoir cru à l'influence de l'*École de Manchester*.

communément employé pour indiquer l'état de choses existant lorsque, pressentant la guerre, vous considérant comme menacé à cet égard, vous n'avez pas encore pris parti, vous ne vous êtes pas encore déclaré belligérant. Ce rôle n'est pas en harmonie avec les dispositions amicales que le Gouvernement entretient vis-à-vis des deux adversaires en présence. »

Ainsi le Cabinet ne prêtait pas encore le flanc à la plus légère récrimination de notre part; mais l'attitude malveillante et en tous cas si funeste lui allait être bientôt inspirée. Un courant hostile à la France traversait le pays, et allait entraîner les Ministres dans une voie dont ils ne s'écarteraient plus, quoique par la suite la direction du courant dût changer.

Les Chambres qui se séparèrent moins d'un mois après la déclaration de guerre n'eurent guère occasion de laisser deviner leurs sympathies, bien qu'il faille relever un mot de M. Disraeli sur le prétexte qui avait servi de cause à la guerre, et qui, disait-il, « aurait été honteux même au siècle passé » ; bien qu'il faille encore signaler certaines questions adressées au Gouvernement dans les deux Chambres, et qui renfermaient un blâme évident à l'adresse de la France. C'est ainsi qu'à la Chambre haute, lord John Russell et un membre de la Chambre des Communes ont manifesté leur émotion au sujet d'un propos de M. de Grammont qui s'était vanté que le Gouvernement français avait vu sa conduite approuvée par tous les gouvernements d'Europe. Ces deux orateurs étaient les porte-voix de leurs collègues, soucieux de mettre le Cabinet en demeure de démentir, pour ce qui le concernait, une affirmation téméraire (1).

Mais c'est surtout dans la presse que se firent jour les passions antifrançaises. Il suffit de reproduire, à titre d'échantillon,

(1) Citons encore, comme indice des sentiments hostiles auxquels la cause française se heurtait dans le Parlement, les observations présentées à la Chambre des Communes le 21 juillet par un gallophobe, M. Horsman. L'honorable membre reprochait au Cabinet d'avoir, en insistant pour le retrait de la candidature Hohenzollern, causé un tort à la Prusse, et exercé sur elle une pression inique : « Puisque, disait-il, la concession faite par le Roi est demeurée sans résultat, et que la guerre devait de toute façon éclater, la Prusse aurait eu l'Espagne pour alliée si un prince allemand eût été appelé à la gouverner; tandis que maintenant, par suite de la renonciation du prince, elle a perdu cette alliance : l'intervention anglaise semble donc s'être produite uniquement pour créer à la Prusse une situation désavantageuse dans la lutte, en lui enlevant un appui. »

un passage du *Times*, le journal qui nous fut le plus constamment hostile. Le début de son article du 16 juillet est devenu fameux: « Le plus grand crime national que nous ayions eu la douleur d'enregistrer dans ces colonnes, depuis les guerres du premier Empire, a été commis. La guerre est déclarée, une guerre injuste, mais préméditée... Peu d'hommes seront assez naïfs pour s'imaginer que la conscience d'une cause juste prévaudra contre les gros bataillons. Cependant il ne peut y avoir de doute sur le point de savoir de quel côté se rangeront les sympathies du monde. Quels qu'aient pu être, dans d'autres circonstances, « les torts de la Prusse, elle aura pour elle, dans les conjonc- « tures actuelles, ce soutien moral qui est rarement refusé à ceux « qui prennent les armes pour leur légitime défense. »

Le Ier août, le lord-maire recevant les Ministres dans le banquet de fin de session, dissimulait mal, malgré la réserve que lui imposait une réunion officielle, sa sympathie pour l'Allemagne : il expliquait qu'il aurait grand'peine à demeurer neutre ; et cette déclaration, immédiatement suivie d'une phrase émue à l'adresse « d'une princesse du sang royal d'Angleterre (la princesse de Prusse), que de rudes épreuves attendaient, » équivalait bien à une profession de foi germanique.

Les personnages politiques ne nous étaient pas plus favorables. On surprend au vol le sentiment d'un homme considérable dont la mémoire vivra longtemps, associée aux plus belles œuvres de philanthropie : lord Shaftesbury écrit dans son journal, à la date du 16 juillet : « La France a déclaré la guerre à la Prusse. Le champion du Pape entre en lutte contre le Protestant dans l'Europe continentale. »

VII

Tandis que la responsabilité de la guerre était ainsi rejetée avec animosité sur la France, un incident survint qui créa en Angleterre une profonde sensation, et qui contribua encore à nous aliéner les esprits. Il s'agit de la révélation du projet de traité préparé en 1866, entre M. de Benedetti et M. de Bismarck, à l'effet d'abandonner la Belgique à la France. Pour comprendre quelle émotion causa la lecture, dans les colonnes du *Times*, de ce projet communiqué au journal par M. de Bismarck, il faut se rappeler quelle terreur les Anglais avaient toujours ressentie à l'idée de voir la France maîtresse de la Belgique, la France établie dans ce port d'Anvers que Napoléon Ier disait tenir « comme un pistolet chargé au cœur de l'Angleterre. » Il faut se souvenir de l'obstination inflexible avec laquelle lord Palmerston, après 1830, repoussait les efforts que la France faisait pour étendre son influence de ce côté, et avec quel ton d'insolente raillerie il s'exprimait à cet égard, soit avec ses agents, soit avec ceux du Gouvernement français. Voici, par exemple, ce qu'il écrivait à lord Granville, le 1er février 1831, alors que le cabinet de Louis-Philippe cherchait à faire agréer par le Foreign Office la candidature du duc de Nemours : « Si le choix des Belges tombe sur Nemours, et si le roi de France accepte, ce sera une preuve que la politique de la France est comme une maladie contagieuse qui est inhérente aux murs de l'habitation royale, et qui s'abat tour à tour sur les occupants successifs. » Le lendemain, il écrivait encore au même : « Nous ne voulons pas même songer à la guerre; mais si nous devons jamais tenter un autre effort, voilà une occasion légitime, et nous estimons que nous ne pouvons pas nous soumettre à l'avènement du duc de Nemours sans danger pour le salut du pays, et sans sacrifier notre honneur. » Il lui déclarait encore le 18 mars : « L'Europe ne consentira jamais, à moins d'y être contrainte par une guerre désastreuse que la Belgique soit unie directement ou indirectement à la France. » « Nous savons, - écrivait-il quelques jours plus tard (25 mars) - qu'après une telle union, nous aurions à entrer en lutte avec la France; et nous aimons mieux dès lors engager tout de suite la bataille. » Lorsqu'à une date un peu ultérieure, il s'agissait seulement de la démolition des forteresses belges élevées à la frontière par le traité de 1815, et que la France demandait simplement à avoir voix au chapitre sur la désignation des places qui seraient détruites, lord Palmerston signifiait son refus avec la même énergie: « Ces forteresses ont été élevées, non en haine, mais en crainte de la France; et il serait plaisant de discuter avec elle celles qui seront démantelées. »

Or les susceptibilités de lord Palmerston à l'endroit de la Belgique étaient si constamment demeurées dans les traditions britanniques, et l'opinion publique était toujours si chatouilleuse sur ce point que la première préoccupation des Anglais en apprenant la déclaration de guerre avait été pour cette même Belgique. Avant tout, ils avaient paru agités de la crainte que le vainqueur, quel qu'il fût, ne fît bon marché de la neutralité de ce petit État ; et lord Granville avait, dès le 15 juillet, enregistré avec satisfaction les déclarations rassurantes que M. de Grammont lui avait formulées sur ce point. Il s'était empressé de les transmettre à M. de Bismarck à l'effet d'obtenir de lui une promesse semblable : « Le Gouvernement de la Reine ne doute pas un instant, - écrivait-il à l'Ambassadour d'Anglcterre à Berlin, - que la Prusse, comme la France, même sous la pression de la guerre, ne respectent scrupuleusement les traités de neutralité dans lesquels ces puissances ont été parties. »

On juge donc si le Ministère, comme les Chambres et le pays, durent tressaillir à la fameuse révélation : si de sang-froid les belligérants avaient pu songer à sacrifier la Belgique, l'épargneraient-ils davantage dans les entraînements de la lutte ? et puisqu'en pleine paix, ils avaient prémédité de violer un traité qui les liait, pouvait-on ajouter quelque foi à des protestations dont l'ivresse du triomphe leur ferait bien vite perdre le souvenir ? On voyait déjà la France s'impatronisant en Belgique : « Avec Anvers aux mains d'une grande puissance militaire et navale, qui est toujours prête à des entreprises, soudaines, et qui aussi est peu scrupuleuse, - disait le *Spectator*, - nous serions forcés, par le danger nous menaçant à l'extérieur, de modifier toutes nos institutions.... Nous serions enchaînés à une alliance avec l'Allemagne, et à la paix avec l'Amérique par des liens que nous n'oserions pas briser. Nous tremblerions quand le *Times* attaquerait un Bonaparte, et nous serions en proie à une panique quand le Ministre des Affaires Étrangères de Paris nous adresserait une note conçue en termes froids. » Le *Pall Mall Gazette* disait à son tour : « Si nous ne soutenions pas la Belgique, nous perdrions tout ce qui donne le prix à la qualité de citoyens Anglais, savoir le bonheur de vivre avec la conscience qu'aucune autorité étrangère n'a action sur nous ; que par tout le monde, nous défendons le droit sans avoir à demander la permission de qui que ce soit. »

Le Parlement manifesta hautement son indignation : « Je ressens, je l'avoue, - dit lord John Russell à la Chambre des Lords, - la même impression que si un agent de police était venu me prévenir qu'il avait surpris une conversation de deux de mes respectables amis au sujet d'un vol de nuit avec effraction dans une maison habitée par un troisième ami que nous serions tous intéressés à protéger contre un vol à main armée. J'aurais répondu en une semblable conjoncture que j'étais très étonné d'un pareil récit, et que, pour l'avenir, je ne pouvais avoir confiance parfaite dans aucune des deux personnes qui avaient été parties à la conversation. »

Aux Communes, un membre, M. Osborne, ne se montra pas moins sévère : « La faute d'avoir préparé ce traité n'est égalée, - dit-il, - que par la mesquinerie d'avoir voulu en dissimuler l'existence..... A-t-on jamais mis à découvert une telle profondeur de perfidie politique ? » Lui aussi prêchait dans la circonstance une neutralité armée : « C'est fort bien de dire que nous sommes amis des deux belligérants ; mais je ne pense pas que mes concitoyens soient assez naïfs pour se fier à l'un ou à l'autre. Qu'arrivera-t-il si, après une grande bataille ils reviennent au programme du *Projet de traité* ?.... Pourquoi ne solliciterions-nous pas le concours de l'Autriche et de la Russie, et ne nous présenterions-nous pas à la face du monde en proclamant que toute infraction au traité de 1831 sera un *casus belli ?* J'aime la paix autant qu'homme du monde.... Mais êtes-vous préparés à voir la France avoir le Scheldt pour limite ? » Pour parer à ce danger, il demandait l'appel de 200.000 hommes de milice.

Avant lui, M. Disraeli avait déjà appelé l'attention sur la nécessité d'assurer efficacement le respect d'un traité « qui n'est pas un ancien traité, qui ne nous provient pas de la sombre période lors de laquelle le pays était gouverné par un Pitt, ou administré par un Castlereagh, mais qui a été négocié par les représentants du grand parti libéral sous l'inspiration des traditions de la politique anglaise. »

A ces discours, tous très enflammés, M. Gladstone opposa de prime abord une réserve qui mécontenta la Chambre au plus haut degré ; et il fallut que lord Granville réparât le mal en venant dans l'autre Assemblée déclarer le lendemain, au milieu d'applaudissements enthousiastes « que le gouvernement de Sa Majesté avait conscience des obligations qui lui étaient imposées relativement à l'indépendance et à la neutralité de la Belgique. »

VIII

Le Gouvernement se préoccupa en effet de donner satisfaction à un sentiment unanime. Il fit voter une levée de 20.000 hommes de milice, et un crédit de 2.000.000 de livres. Ensuite il s'avisa, pour assujettir plus étroitement les puissances au respect de la convention par laquelle elles avaient garanti l'existence de la Belgique, de rafraîchir ce traité par un traité nouveau : d'autant qu'à proprement parler, la garantie ancienne n'existait que moralement, dans l'esprit et non dans la lettre du contrat. En effet, l'indépendance de la Belgique avait été consacrée d'abord par le traité de Londres du 15 novembre 1831, ensuite par celui du 19 avril 1839, qui avait remplacé le premier. Mais les puissances qui étaient intervenues au premier n'avaient pas figuré au second, et cela, non pas qu'elles entendissent se dégager de l'engagement par elles pris primitivement, mais au contraire dans l'intérêt même de la cause belge. La nation belge et son roi, en 1839, attachaient une importance toute particulière, mettaient un point d'honneur à se voir spécialement reconnus par leur ancien suzerain, la Hollande. Ils se ne préoccupaient qu'en seconde ligne de leurs voisins, de la France dont la bienveillance manifeste, indépendamment de tout instrument officiel, les rassurait suffisamment, et de la Prusse qui était alors la plus faible des grandes puissances. Or le roi de Hollande ne voulait pas être partie à un contrat européen garantissant l'existence de la Belgique. C'est donc pour obtenir l'adhésion de ce prince que le roi des Belges avait lui-même provoqué le retrait de la garantie des autres gouvernements. Mais elle subsistait tacitement. Les anciens signataires restaient dans la coulisse pour répondre à l'appel de la Belgique en cas de besoin, et n'entendaient pas arguer de l'absence de leur nouvelle signature au bas de l'acte de 1839 pour se prétendre déliés des obligations contractées en 1831.

Toutefois cet engagement moral ne rassurait plus suffisamment les Anglais depuis que le fameux complot avait été mis en lumière. Le ministère entreprit donc de faire signer par la France et la Prusse une convention aux termes de laquelle chacune des deux nations s'engageait vis-à-vis de l'Angleterre à respecter la neutralité belge pendant la durée de la guerre. Si cet engagement venait à être violé par l'un des belligérants, l'autre obtiendrait le concours armé de l'Angleterre pour ramener le récalcitrant à l'observation du contrat.

La France et la Prusse acquiescèrent : une tempête aussi violente qu'elle avait été courte fut ainsi apaisée dans les conditions les plus heureuses pour l'Angleterre. Car il convient, à ce point de vue, de relever au passage un détail piquant. Le peuple anglais qui, dans toute cette affaire, n'avait été inspiré que par la jalousie nationale, que par la crainte toujours vivante en lui d'un dangereux voisinage, trouvait l'occasion de se poser, comme ayant mené à fin une campagne chevaleresque en faveur des faibles et des opprimés (1). Le Cabinet encourageait complaisamment cette version, empressé à faire pour lui et pour le pays provision de bonne renommée, comme s'il prévoyait les imputations d'égoïsme et de défaillance sous lesquelles il allait bientôt avoir à plier la tête, et comme s'il eût voulu ainsi démentir par avance ces trop légitimes attaques. Le Conseil municipal de Bruxelles votait des remerciements à l'Angleterre. Il envoyait à la Reine et à son peuple, l'expression « d'une éternelle gratitude ». — « La voix de la nation anglaise, - disait l'Adresse, - a dominé le bruit des armes; elle a proclamé la justice et le droit. » Le roi

(1) Dans un carton du *Punch*, paru le 12 août, on voit la Belgique sous la forme d'une vierge frêle. A ses côtés se dresse l'Angleterre sous les traits d'une divinité robuste dans la plus fière attitude. Elle a la main sur un glaive, et est adossée contre un canon. Elle s'adresse à sa faible compagne en lui disant : « Espérons qu'ils ne te feront pas de mal, chère amie; mais qu'ils y viennent!... »

Léopold à son tour écrivait à lord John Russell pour féliciter
« le vaillant champion des idées libérales d'avoir défendu le petit
pays qui s'honore de pratiquer le mieux les traditions constitu-
tionnelles sur le continent. »

L'incident belge devait avoir sa place dans ce récit; car il a
servi de prétexte, même après le dénouement, pour alimenter
la mauvaise humeur contre la France, et entretenir vis-à-vis
d'elle cette méfiance dont lord John Russell avait parlé dans sa
comparaison peu flatteuse des individus qui complotent un vol
à main armée. Toutefois, l'orateur avait déclaré qu'il tiendrait
en suspicion l'auteur comme le complice, la France qui s'était
laissé tenter, comme la Prusse qui avait joué le rôle de ten-
tateur. Mais la Prusse était trop en faveur dans l'opinion anglaise
pour ne pas être amnistiée. Peut-être cette indulgence fut-elle
le fruit de l'empressement habile avec lequel M. de Bismarck sut
réparer sa faute. Sur ce terrain, comme sur les autres, nos
maladresses firent sa force. Tandis que le Gouvernement français, tout décidé au fond à signer le nouveau traité de garantie,
soulevait des difficultés de forme, et risquait d'indisposer ainsi
gratuitement le Cabinet anglais, M. de Bismarck, plus perspicace,
télégraphiait son acceptation dès que le traité lui fut soumis, et
s'exécutait si galamment qu'il enlevait de vive force sa rentrée
en grâce (1).

IX

Nous voici maintenant arrivés à l'heure de nos premiers désastres. Ce serait aussi l'heure pour l'Angleterre d'oublier ses
griefs passagers, et de ne plus voir en la France envahie et sou-

---

(1) Dans son fameux article de la *Revue d'Edimbourg*, M. Gladstone fait
précisément ressortir sur ce point l'habile empressement de M. de Bismarck,
mis en opposition avec les hésitations maladroites de M. de Grammont, qui a
perdu l'avantage « d'arriver beau premier ».

mise à une dure expiation que l'intime alliée d'autrefois. Mais non! c'est le temps où s'accentuent les sympathies pour la Prusse (1).

Plus d'une raison peut rendre compte de ces dispositions. Faut-il, comme on l'a répété, malgré les dénégations de nos voisins, croire qu'ils s'inspiraient des sentiments de leur Reine, belle-mère du futur Empereur d'Allemagne? Sans doute les sympathies de la Reine étaient de ce côté, et elle n'a pas pleuré comme la Sabine de Corneille, quand la gloire entrait dans sa maison. Mais ses sujets ont pu, malgré leur *loyalisme*, ne pas se laisser impressionner par ses penchants maternels. Elle-même d'ailleurs, avec sa renommée si bien établie de Souverain constitutionnel par excellence, doit-elle encourir, sans preuves positives, le reproche d'avoir exercé une pression sur son ministère? M. Thiers, dans le récit de sa mission à Londres, raconte comment il a fait, sur ce point, une allusion à lord Granville, et comment celui-ci l'a nettement repoussée : « ... Savez-vous ce qu'on dit partout en France? c'est que votre Reine est dominée par des affections de famille et qu'en cette occasion le Cabinet est influencé par elle. — Je suis profondément dévoué à ma souveraine, aurait répondu lord Granville, mais je suis un ministre anglais, et le vœu de mon pays est le seul que je consulte. » Admettons donc que le Cabinet n'a consulté que le vœu du pays ; et raisonnons avec l'idée que dans la crise, le pays s'est guidé exclusivement d'après une appréciation juste ou erronée des intérêts anglais, mais sans les identifier avec les intérêts souvent contradictoires entre eux des membres de la famille royale.

Le sentiment qui se fit jour alors, on peut l'expliquer en premier lieu par une vieille jalousie contre la France. Les Anglais enviaient sa prospérité. Eux qui ne se refusent cependant pas les annexions, ils ne lui avaient pas encore pardonné celle de la Savoie et de Nice. Le poète l'a dit :

> Le bonheur du voisin nous cause de l'ennui,
> Et nous amaigrissons de l'embonpoint d'autrui.

Il fallait, paraît-il, qu'on nous fît une opération en chair vive,

(1) Nous croyons, disait le *Times* du 13 août, que la grande majorité de nos concitoyens reconnaît dans la cause de l'Allemagne la cause de la liberté et du progrès.

qu'on nous tirât le plus pur de notre sang pour que les dimensions de la France n'offusquassent plus l'œil chagrin des Anglais.

Une autre raison de leur mauvaise humeur, c'est que la France, après avoir sollicité leur intervention pour prévenir la guerre, et avoir invoqué en quelque sorte leur arbitrage, s'était empressée de méconnaître le verdict qu'elle avait elle-même sollicité. « C'est là, - dit M. Gladstone, dans son article de la *Revue d'Edimbourg*, où il reflète l'opinion du Cabinet et du pays, - c'est là une conduite tout à fait en désaccord avec les obligations internationales. »

Enfin, un dernier motif de l'irritation anglaise, c'est que, dès le début, comme d'ailleurs pendant toute la durée de la guerre, la France ne cessa d'être soutenue par les sympathies les plus touchantes et les plus effectives de l'ennemie intestine de l'Angleterre : nous voulons parler de l'Irlande. Or, Dieu nous garde de vouloir en rien diminuer le mérite ou rabaisser la valeur des très sincères manifestations auxquelles cette nation généreuse se livra en faveur de notre cause ! Mais elle crut assez naturellement devoir les faire servir en même temps à la cause irlandaise. Elle les employa à la satisfaction de ses haines patriotiques. En se lamentant sur nos défaites, la presse irlandaise ne manquait pas de mettre en relief, sur le mode le plus outrageant, l'ingratitude des Anglais qui nous abandonnaient. Pleine aussi d'espoir et d'illusions quant à nos succès ultérieurs, elle les annonçait comme devant tourner à la confusion de ses oppresseurs, comme devant ouvrir pour eux une ère fatale, et pour l'Irlande en même temps l'ère de l'affranchissement.

On comprend que la cause française, aux mains de tels apôtres, ne devait pas rencontrer beaucoup d'adeptes en Angleterre, et que le patron devait singulièrement faire tort au client. Croit-on, par exemple, que les esprits dussent être attirés ou ramenés dans nos rangs, par des articles comme ceux que publiait le grand organe du Parti National, le journal *Nation*, raillant l'inaction des Anglais ? « C'est un fait connu, disait cette feuille, que la France et la Prusse peuvent mettre cent soldats en ligne pour un dont l'Angleterre peut actuellement disposer ; et dans cette situation, nous ne pouvons nous empêcher de conclure que l'Angleterre n'a pas besoin des paroles d'apaisement du

Psalmiste pour se tenir à l'écart de la guerre (1) ; et que son esprit de patience, célébré par Gladstone, est dû à un sentiment moins sacré et plus anglais qu'à celui de la religion chrétienne. »

Une autre fois, il s'agissait d'un meeting en faveur de la France dans lequel l'Angleterre n'était pas davantage épargnée : « Nous prouverons à l'Angleterre, - disait un des orateurs, - que l'Irlande répudie l'infâme langage de la presse anglaise, et que l'Irlande constitue une nation distincte. »

Ces manifestations hostiles persistèrent jusqu'à la fin de la campagne. Elles se font jour encore dans une réunion d'ouvriers, tenue à la veille de la capitulation de Paris, et à un moment où M. Jules Favre était désigné comme devant venir à Londres pour prendre part aux travaux de la conférence sur le remaniement du traité de 1856. Le président du meeting, après les plus violentes diatribes contre l'Angleterre qui, sous prétexte de circonscrire le champ de la guerre, avait laissé égorger la France, fit voter une adresse au délégué du gouvernement de la Défense Nationale. Cette adresse passait en revue les puissances en présence desquelles M. Jules Favre allait se trouver au Congrès, et s'étendait en ces termes sur l'Angleterre : « Vous y verrez cette nation oublieuse d'Inkermann, de la révolte des Indes, du traité de commerce, et se complaisant dans sa *bienveillante neutralité.* »

X

A Londres, tous ces sarcasmes, disons mieux tous ces outrages et toutes ces menaces ne passaient pas inaperçus ; et la presse

---

(1) Allusion à une phrase qu'avait prononcée quelques jours auparavant le Lord Chancelier au banquet du lord-maire. Il avait dit que l'Angleterre avait peine à contenir son ardeur belliqueuse en voyant la guerre éclater, et que, pour se tenir à l'écart, elle avait le besoin de s'inspirer des paroles du Psalmiste.

y répondant sur le même ton, se trouvait assez naturellement amenée à rendre la France solidaire des provocations auxquelles sa cause servait de prétexte. Le *Times*, voulant montrer aux Irlandais à quel point ils se fourvoyaient dans leurs sympathies françaises, remontait jusqu'au Directoire, et même jusqu'à Louis XIV, pour dénoncer les méfaits de la France républicaine ou monarchique à l'encontre de l'Irlande. Voici comment il s'exprimait à cet égard dans le numéro du 13 août, imaginant d'évoquer, pour les besoins de sa cause, le souvenir de deux prétendues victimes de la France, savoir : en premier lieu, le général Sarsfield, un jacobite qui défendit Limerick contre Guillaume III, passa ensuite à la cour de Louis XIV, et fut tué en 1693, dans les rangs de l'armée française, à la bataille de Nerwinden ; en second lieu, le patriote Tone, qui, rêvant l'affranchissement de l'Irlande, et ayant déterminé le Directoire, en 1796, à faire exécuter une descente sur la côte, fut pris avec plusieurs soldats français et condamné à mort : « L'Irlande, - écrivait l'organe de la Cité, - pour obtenir son indépendance nationale, s'adresse à une nation qui a souvent tiré l'épée pour les autres, mais a généralement attendu en retour une récompense territoriale. » « Si les Irlandais sont si ardents pour la France, — disait encore le même journal, à la date du 8 septembre; — c'est que le mot *civilisation*, inscrit sur les bannières françaises, peut s'appliquer à l'avènement de la république en Irlande..... Il y a eu une révolution au cours de laquelle un gouvernement français s'est en effet allié, quoique dans un esprit peu désintéressé, aux insurgés irlandais. Wolfe Tone raconte l'histoire très naïvement, et comment le ministre français avec lequel il avait eu une entrevue, lui recommanda de se battre pour l'indépendance, *et pour la Jamaïque.* — « Je vou-« drais bien que nous puissions obtenir l'indépendance sans la « Jamaïque, » écrit le pauvre envoyé. Mais alors il n'aurait rien eu à offrir pour payer ses alliés. Cependant les Français débarquèrent, quoique pour aboutir à un mince résultat, et la tradition persiste. » L'article conclut en expliquant, dans des termes d'une partialité évidente pour les Allemands, pourquoi l'Irlande leur est hostile : « C'est que les Allemands sont trop raisonnables pour sympathiser avec une absurdité comme le fénianisme; c'est qu'ils sont protestants ; et par-dessus le marché, c'est qu'ils ont dans les veines le même sang que nous. »

« Les Irlandais, — disait encore un autre journal, le *Daily News*,
— font moins leurs démonstrations en faveur de la France que
contre l'Angleterre ; car la plupart savent bien que le titre de la
France à la reconnaissance de l'Irlande ressemble singulièrement
à celui que John, duc de Marlborough, se créait sur le cœur des
belles dont il s'attirait la gratitude en acceptant leurs faveurs
et en empochant leur argent. »

Les sympathies de l'Irlande en notre faveur engendraient
ainsi contre nous, de l'autre côté du canal Saint-Georges, une
réaction forcée. Cette malveillance se traduisait encore dans les
journaux sous d'autres aspects. Lorsque les Irlandais, avec
une puissance d'illusion que la nôtre fut presque la seule à
égaler, et qui met bien en relief leur ardeur pour nos succès,
lorsque, dis-je, les Irlandais s'enflammaient constamment sur
la fausse nouvelle de quelque victoire de la France, la presse
anglaise les raillait sur un ton dont l'ironie cruelle rejaillissait
jusqu'à nous. C'est ainsi que le *Times* du 10 décembre s'égayait
en faisant le récit de l'émotion provoquée dans Dublin par un
journal qui avait annoncé en gros caractères : « Paris débloqué ;
Bismarck enfermé dans Versailles avec 80,000 hommes ;
50,000 prisonniers ; Trochu avançant avec 100,000 hommes, et le
général Vinoy avec 50,000 hommes ; enfin la mort du prince Fré-
déric-Charles qui aurait eu la tête emportée par un boulet ».

XI

Puisque nous parlons de cette population généreuse de l'Irlande, ce n'est pas assez de rappeler toutes ses démonstrations
en paroles, en adresses, d'énumérer tous les meetings tenus
pour notre cause. La nomenclature en serait longue, depuis le
jour où, en apprenant la déclaration de guerre, une foule ne

comprenant pas moins de douze mille personnes vint faire une manifestation enthousiaste à Dublin devant le Consulat français, jusqu'au jour où, après la paix, les masses se portèrent avec le même ensemble au devant de nos délégués venus pour les remercier de leur attitude pendant la campagne. Faut-il ajouter que, dans l'ardeur de leur dévouement pour la grande nation, ils en arrivaient à considérer la France comme une seconde patrie, poussant même leur culte jusqu'à l'exaltation morbide, se laissant ainsi emporter à de fâcheux excès, et maltraitant parfois dans les rues des Allemands inoffensifs?

Nous avons à enregistrer des témoignages de ce dévouement, plus dignes que des violences, et plus efficaces que des paroles. D'abord ils souscrivirent avec ardeur en faveur de nos blessés, et le *Times* enregistre ce détail touchant, à savoir que dans une petite localité où les laboureurs gagnaient à peine de quoi vivre, les souscriptions atteignirent le chiffre de soixante livres. Ensuite, ils équipèrent un corps de volontaires qui étaient enrôlés, en apparence pour les ambulances, mais qui, en réalité, devaient être et furent enrégimentés sous nos drapeaux, et qui combattirent vaillamment dans nos rangs (1). Ces volontaires s'embarquèrent pour le Havre, le 15 octobre, accompagnés au départ par les chants d'ivresse de la multitude, complice de leur généreuse fraude (2).

Voilà, en substance, ce que l'Irlande a fait pour nous pendant la campagne. La mention de ses services se rattachait directement à notre sujet, puisque cette attitude de la petite île met en relief par le contraste l'attitude regrettable de la grande, que le dévouement à l'ouest du canal Saint-Georges fait ressortir à l'est, avec plus d'éclat, une désertion dont il nous faut maintenant reprendre le récit.

---

(1) C'est même à ce recrutement de volontaires que se rattache l'arrestation à Londres d'un individu qui fut surpris dans l'exercice de cette opération. Il eut à répondre devant le tribunal de police d'infraction à la loi de la neutralité.

(2) Le capitaine Kirwan qui les commandait, et qui a fait le récit de la campagne, raconte avec orgueil que le dernier coup de fusil contre les Prussiens a été tiré par la compagnie irlandaise postée à la frontière suisse et n'ayant pas encore reçu avis de l'armistice.

XII

Ce n'était pas seulement dans sa polémique avec la presse irlandaise que la presse anglaise trouvait l'occasion de manifester sa malveillance pour nous, et sa partialité pour l'Allemagne. Voici, à ce sujet, un curieux article du *Daily News*, du 26 août. Ses appréciations sont piquantes à mettre en regard des événements qui se sont déroulés depuis lors, et démontrent que les journalistes ne sont pas toujours des prophètes : « Quelle va être, - se demande l'écrivain, - la situation de l'Angleterre si l'Allemagne devient un pouvoir prépondérant ? Pourquoi hésiterions-nous à avouer une conviction qui est confirmée par l'histoire et par la géographie, à savoir qu'il ne saurait y avoir d'alliance plus naturelle, et prêtant moins à l'objection qu'une alliance entre une Allemagne forte et unie et la Grande-Bretagne ? Une Allemagne forte et unie sert de contrepoids à la Russie et à la France : et toutes les victoires qu'elle a remportées dans une guerre de résistance à l'agression *n'étendront pas ses rivages, et ne feront pas d'elle une rivale menaçante sur les mers pour l'Angleterre. Il n'y a aucun point sur lequel l'Angleterre et l'Allemagne puissent entrer en collision, tandis qu'au contraire, race, langage, caractère, religion même, les mettent en contact cordial sur toutes les parties du globe* (1). »

Les hommes politiques étaient, comme la presse, du parti de la Prusse, et trahissaient suffisamment leur mauvais vouloir à notre endroit. Lord Shaftesbury, dont nous avons déjà cité le

(1) « Une Allemagne forte sera notre alliée contre la Russie, disait encore en janvier 1871, - c'est-à-dire après la mésaventure des Anglais au sujet du traité de 1856, - la *Westmister Review*, tenace jusqu'au bout dans ses sympathies allemandes. Les deux empires pourront défier toute tentative ambitieuse de nature à troubler la tranquillité du monde. »

journal, adressait, le 2 septembre, à une dame, lady Victoria Ashley, une lettre dans laquelle, au travers de sentiments visant le gouvernement de la France plus que la France elle-même, on discerne toutefois aussi des dispositions hostiles à la nation. « J'ai pitié, — écrivait-il, en s'étendant sur les horreurs de la guerre, — des paysans, qu'ils soient Français ou Allemands. Mais je n'ai aucune sympathie pour l'Impératrice, peu de sympathie pour l'Empereur, aucune pour Thiers et pour toute cette race d'hommes insolents, ambitieux, et sans Dieu. » *Sans Dieu !* C'est là le gros argument, c'est là le gros grief que nous allons voir réapparaître contre la France : argument ou grief bien commode en vérité, qui permettait aux Anglais de repousser, comme une calomnie, l'imputation de se faire le soutien du fort contre le faible. Eux obéir à des sentiments si bas ! Quel est donc le méchant qui osait ainsi travestir leur rôle, quand, au contraire, ils puisaient leur résolution dans une morale plus haute que la morale humaine ? Ils ne faisaient acception ni du fort, ni du faible. La Bible à la main, ils se rangeaient du côté du peuple craignant Dieu contre la nation impie.

Tel était l'état des esprits : assez naturellement le Gouvernement en tint compte. Lord Granville faisait bien transmettre, à la date du 17 août, au prince de la Tour-d'Auvergne, une proposition aussi pompeuse que vaine, et que, d'ailleurs, il se garda bien de renouveler, à savoir que « sans doute le Gouvernement de Sa Majesté n'avait ni l'intention, ni le désir d'imposer sa médiation à la France ou à la Prusse, mais que la France pouvait être assurée qu'à quelque époque qu'on eût recours aux bons offices de l'Angleterre, ils seraient librement octroyés, et mis avec zèle en œuvre pour le rétablissement de la paix. » Mais, ce même jour, il écrivait aux puissances pour parvenir à nouer la *Ligue des Neutres*, qui fut un véritable coup de canon tiré contre la France.

Voici dans quels termes il proposait une entente aux représentants de l'Autriche, du Portugal, de l'Espagne, de la Grèce, de la Hollande, de la Belgique et de la Suède, après s'être assuré l'adhésion de la Russie et de l'Italie, deux gouvernements connus comme favorables à la France, et dont il avait soin, dès lors, de faire miroiter le consentement aux yeux des autres États : « Le Gouvernement de S. M. a reçu avec grande satisfaction la nouvelle de la résolution annoncée par votre Gouvernement, d'observer une stricte neutralité durant la guerre ; et le Gouvernement de S. M. a pensé que cette résolution, qu'il a d'ailleurs également adoptée, serait fortifiée et garantie si tous les pouvoirs neutres s'entendaient l'un avec l'autre pour le maintien de la neutralité commune.... Il suffira, à cet effet, que cette entente soit établie par une correspondance échangée entre les différentes parties, et dans laquelle il sera déclaré qu'aucun des deux pouvoirs entre lesquels aura été échangée ladite correspondance ne se départira de la neutralité dans la présente guerre sans une communication d'idées préalable, et sans un avis donné à l'autre partie de ce changement de politique en ce qui touche la neutralité. »

XIII

On envisage aisément la portée de la convention à laquelle acquiescèrent les puissances ainsi sollicitées. Nous n'avions pas alors en Europe de ces amis ardents que rien ne décourage ; nous avions seulement le droit de compter sur quelques bonnes volontés éparses, pouvant, quoique tièdes, devenir efficaces, si elles étaient réchauffées et enhardies. Or, la ligue des neutres allait paralyser ces dévouements déjà si peu enclins à l'action. La nécessité importune d'aviser préalablement l'Angleterre, l'appréhension de subir dès lors des représentations que même un grand État n'oserait pas toujours braver, allaient devenir des obstacles insurmontables pour des peuples déjà si hésitants à tenter un effort.

Si, au moins, l'initiative de cette fameuse entente avait été assumée par un gouvernement qui, tout en voulant isoler l'un dés belligérants aussi bien que l'autre, aurait conçu la ligue comme un frein pouvant arrêter les excès du vainqueur! (1) C'est dans cet esprit que la Russie l'avait imaginée, et qu'elle y avait adhéré : « Le concert général entre les puissances, — aurait dit le prince Gortschakoff à l'ambassadeur anglais, sir A. Buchanan, qui rapportait l'entretien à lord Granville, à la date du 16 août, — augmentera grandement l'influence morale qu'elles auront le droit d'exercer dans les conférences, qui pourront prendre place pour le maintien de la paix. » Le Prince aurait encore, - d'après sir A. Buchanan, - dit au prince de Reuss, que « si un des grands pouvoirs formulait une proposition pratique pour mettre fin à la lutte, la Russie y adhérerait, attendu que l'Europe a besoin d'un prompt rétablissement de la paix sur une base juste et durable ; et il entendait par une base juste et durable tels arrangements que les deux belligérants pourraient accepter sans conserver par derrière eux l'intention de les bouleverser aussitôt qu'ils seraient assez forts pour le faire ; il considérait que des conditions humiliantes extorquées à la France seraient incompatibles avec une paix telle que la commandaient les intérêts permanents et le bien-être de l'Europe ». Voilà avec quelles dispositions un gouvernement ami de la France s'affiliait à la Ligue.

C'est avec un esprit tout semblable qu'y adhérait l'Autriche. Elle comptait si bien que la Ligue se proposerait un effort collectif pour le rétablissement de la paix, qu'elle avait jusqu'au dernier moment lutté, vainement d'ailleurs, pour faire accepter à l'Angleterre une clause très efficace à ce point de vue, et aux termes de laquelle aucune des puissances ne pourrait exercer isolément sa médiation. Le comte de Beust faisait rappeler, deux mois plus tard, cette circonstance à lord Granville par le comte Apponyi, en essayant de galvaniser l'inertie du Cabinet britannique, et en se plaignant que la Ligue demeurât un rouage inu-

---

(1) M. de Chaudordy, dans une dépêche adressée à notre ambassadeur le 14 octobre, faisait ressortir par une comparaison fort juste l'obligation morale que l'Angleterre avait prise en constituant la ligue des neutres : « Elle semblait s'être imposée un devoir que nous pourrions comparer à celui que remplissent les témoins d'un duel. S'ils empêchent les uns et les autres d'y prendre part, c'est à la condition de donner leur avis, et d'intervenir aussi souvent qu'ils croient possible de faire cesser le combat. »

tile. Il formulait ainsi ses observations, d'après le résumé qu'en donne une dépêche de lord Granville, adressée le 10 octobre à lord Bloomfield, ambassadeur à Vienne : « Le comte de Beust avait espéré, quand le Gouvernement de S. M. lui a proposé un échange de notes pour le maintien de la neutralité, que cette mesure aboutirait à un effort collectif pour le rétablissement de la paix, et c'est dans ce but que l'Autriche avait suggéré une clause pour empêcher la médiation isolée d'une des puissances. Le Gouvernement de S. M. a préféré que chaque pouvoir conservât sa liberté d'action... Il est cependant désirable de rappeler les motifs qui ont guidé alors l'Autriche, et de déclarer qu'elle serait toujours prête à contribuer au rétablissement de la paix, si une démarche des pouvoirs neutres semblait présenter une chance de succès. »

L'Espagne, de même, avait déclaré, par la bouche de M. Sagasta, « que le Gouvernement n'était pas seulement déterminé à maintenir sa neutralité..., mais à devenir partie à un arrangement que le Gouvernement anglais pourrait former avec d'autres puissances neutres pour la localisation de la guerre, et pour obtenir la paix quand l'occasion d'une médiation se produirait (1). » L'Italie, à son tour, était pénétrée des mêmes idées.

Cependant, ces idées étaient-elles celles de l'Angleterre, et est-ce ce but charitable que poursuivaient ses hommes d'État ? Presqu'au lendemain de la Ligue, ils répondent par une fin de non-recevoir à l'Italie qui les sollicite de mettre en mouvement la machine qu'ils ont organisée, et de faire fonctionner l'association comme un instrument de médiation : « M. de Cadorna est venu me trouver hier, - écrit, le 27 août, lord Granville à sir A. Paget, - et m'a dit qu'il était chargé par M. Visconti Venosta de m'informer que, dans son opinion, l'heure était venue pour les pouvoirs neutres de faire un effort à l'effet d'arrêter la terrible guerre... J'ai répondu que le Gouvernement de S. M. était d'une opinion contraire. Il a toute raison de croire qu'une proposition faite maintenant dans ce but ne serait acceptable pour aucun des belligérants, et ferait plus de mal que de bien; et j'ai été récemment avisé par le prince Gortschakoff et le comte de Beust que telle est leur opinion... Le Gouvernement de S. M. estim

(1) Dépêche de M. Loyard à Lord Granville en date du 17 août.

que l'heure de la médiation n'est pas venue, et peut ne jamais
venir. »

Tel est l'usage que le Cabinet faisait de la Ligue : c'est ainsi
qu'elle lui servait à immobiliser les sympathies qui s'éveillaient en
notre faveur. Un membre du Parlement a, en 1871, lors de la
rentrée des Chambres, caractérisé, sous une forme vive et juste,
le rôle que joua alors le Foreign Office : « Lord Granville, - s'é-
criait-il, - a dit aux puissances : Qu'aucune de vous ne bouge
avant que je n'aie donné le signal! Puis il a dit ensuite : Je ne
bougerai pas. » « L'Angleterre, - ajoutait un autre membre, em-
ployant une image non moins expressive et humoristique, - a joué
le rôle d'un homme qui consacre ses assiduités à une jeune fille,
mais sans intention sérieuse, et qui décourage ainsi les assiduités
des autres prétendants. »

XIV

Au surplus, qu'est-il besoin, pour saisir l'esprit qui a présidé à
la Ligue, d'étudier la direction que le ministère lui a imprimée ? Il
suffit de jeter un œil sur les documents concomitants de cette
négociation, d'ouvrir la correspondance diplomatique qui l'a
accompagnée ou précédée : le Cabinet apparaît nettement comme
ne s'étant avisé du moyen qu'à l'effet de faire parmi les puissances la police pour le compte de la Prusse. M. de Bismarck dé-
nonce à l'Angleterre les menées de l'Italie, de l'Autriche et du
Danemark, qui inclinent vers l'alliance française; et bien vite
alors, pour apaiser ses craintes, lord Granville lui répond en lui
dévoilant comment il va enrôler l'Italie dans la neutralité, comment il a fait des représentations à l'Autriche, et comment il va
en faire entendre également au Danemark. Le programme est
tout au long dans une dépêche de lord Granville à lord Lyons, du

10 août 1870 : « L'ambassadeur prussien m'a signalé différentes rumeurs sur lesquelles il m'a prié de le renseigner. Le premier de ces bruits est qu'un traité aurait été conclu entre la France et l'Italie, traité aux termes duquel l'Italie fournirait à la France un contingent de cent mille hommes, et aurait permission en revanche de se rendre maîtresse de Rome à la fin de la guerre. J'ai dit au comte de Bernstorff que je ne croyais pas au prétendu traité ; que le Gouvernement italien avait représenté à celui de S. M. qu'il avait été très sollicité par la France, et que pour résister à cette pression, il désirait l'appui du Gouvernement de S. M. ; que j'avais répondu que, quoique la politique présente de l'Angleterre ne fût pas d'entrer dans un engagement positif en vue d'une neutralité combinée, toutefois le Gouvernement de S. M. serait prêt, *s'il pouvait ainsi aider l'Italie à résister à la pression extérieure*, à s'entendre avec elle pour qu'aucun pouvoir ne se départît de la neutralité sans un échange d'idées préalables... J'ai dit à M. de Bernstorff que le Gouvernement italien avait chaudement acquiescé à un pareil engagement.

« L'autre bruit dont le comte m'a entretenu est qu'une négociation serait en cours pour une alliance entre la France et l'Autriche, combinée avec une organisation armée de la Galicie. J'ai informé le comte de Bernstorff que j'avais cru nécessaire d'aviser l'Autriche que plusieurs circonstances faisaient suspecter sa neutralité dans l'esprit des gouvernements russe et prussien ; et je lui ai dit que j'avais reçu assurance de l'Autriche qu'elle était parfaitement libre de tout engagement, et serait heureuse d'entrer avec le gouvernement de S. M. dans une entente pour la continuation de la neutralité.....

« Il a appelé aussi mon attention sur le Danemark, que la Prusse craint de voir s'engager dans la guerre sous l'empire de la pression de la France : le roi de Danemark désirait être soutenu contre cette pression, et le cabinet de Saint-Pétersbourg souhaitait de prendre à Paris d'accord avec l'Angleterre une mesure en commun dans ce but. Mais j'ai rappelé à S. Exc. que je lui avais, en trois circonstances, laissé comprendre à lui-même combien il serait désirable que la Prusse par un arrangement amical, enlevât au Danemark la tentation de céder aux sollicitations de la France ; et j'ai ajouté que j'avais, la semaine dernière, obtenu l'autorisation du Cabinet d'informer le baron Brunow que j'étais prêt à m'entendre avec lui sur l'heure et la manière de faire des représentations à la France pour la prier de ne pas imposer au Danemark une politique si contraire aux intérêts de ce pays. »

On comprend, en lisant ces lignes, comment le Cabinet a pu être plus tard désavoué par ses propres partisans qui ont voulu lui laisser la honte de sa conduite. Voilà des hommes qui, pendant plus de six mois, n'ont eu à la bouche que le mot de neutralité, qui l'ont mis en avant durant toute cette période comme une excuse commode pour se faire pardonner leur torpeur, qui, tout à l'heure encore, quand ils vont se décider à servir de messagers entre M. Jules Favre et M. de Bismarck, lors de l'entrevue de Ferrières, trembleront devant l'emploi d'une formule virile pour recommander par écrit la paix au vainqueur, et qui, malgré les instances de M. Thiers, se prétendront tenus, toujours sous peine de rompre le charme de la neutralité, à énerver leur apostille jusqu'à la banalité ! S'agit-il de la France abattue, leur conception de la neutralité s'agrandit; ils l'envisagent d'une façon moins étroite, et ne font apparemment que se conformer à ses lois, en opérant le vide autour de nous ! Il est vrai qu'on déclare n'agir ainsi que par amour de l'équité : on veut seulement rétablir l'équilibre, et empêcher le vaincu de circonvenir par son ascendant des gouvernements trop faibles pour lui résister. La France, à deux doigts de sa perte, possède un tel pouvoir d'intimidation que les nations auxquelles elle fait appel sont fascinées, et ne peuvent plus se prononcer en toute liberté! Cette liberté d'action, l'Angleterre a le devoir de la leur assurer. Tel est l'étalage de principes sous lequel le Cabinet déguisait ses complaisances vis-à-vis du parti victorieux.

XV

Lorsque la série de nos défaites eut abouti à Sedan, à ce moment, et seulement alors, il se produisit, en faveur de la France, une réaction qui, peu à peu, se propagea par toute l'Angleterre. Mais ce revirement, dont nous devons savoir gré quand même à nos voisins, demeura aussi platonique qu'il était tardif.

Quant à son origine, quant à la cause de cette espèce de révolution dans les esprits, elle est tout entière dans des faits ostensibles. L'excès de nos désastres a bien dû éveiller quelque pudeur dans la conscience des Anglais, et leur cuirasse d'égoïsme a bien pu en être entamée. Il ne faut pas leur enlever le mérite des remords. Ce fut néanmoins une raison plus puissante qui imprima à leurs vœux une direction nouvelle. Ils revinrent à nous en haine de l'Allemagne, avec laquelle d'ardents dissentiments les mettaient aux prises : la lune de miel avait fini par un orage, malgré tous les ménagements du ministère qui avait en vain laissé son honneur dans ces complaisances.

La querelle qui faillit dégénérer en une rupture ouverte surgit au sujet de l'exportation tolérée par l'Angleterre de la contrebande de guerre. L'Allemagne entra peu à peu en fureur de ce chef. M. de Bismarck fit faire au Ministère anglais des représentations presque violentes; et la presse, à sa suite, entreprit contre les Anglais une campagne d'insultes et de provocations. Force fut bien alors à ceux-ci de prendre feu à leur tour. La mesure devint comble lorsque, la Russie ayant déchiré le traité de 1856, on découvrit que le coup venait de l'Allemagne, dont la puissance en question s'était assuré le concours. Est-il, après cela, nécessaire de rappeler encore les intentions affichées par M. de Bismarck à l'encontre de la neutralité du Luxembourg ; de signaler la saisie, pour faciliter les opérations allemandes, de six navires anglais qui furent coulés à fond en vue de Rouen; de mentionner enfin tant d'autres procédés que le chancelier croyait pouvoir se permettre à l'encontre d'un gouvernement dont il avait éprouvé la résignation? La patience des Anglais était épuisée; et l'ardeur pour la cause française devint une des formes de l'hostilité contre l'Allemagne.

Il convient de dire ici d'un mot, sans s'engager dans des discussions abstruses de droit international, en quoi consistait cette question de la contrebande de guerre, source de tout le conflit. On sait qu'on entend par ce terme les munitions qui sont exportées du pays neutre, et qui doivent servir aux opérations militaires d'un des belligérants. Or, si une exportation de ce genre ne saurait être pratiquée par le Gouvernement neutre lui-même, la question devient plus délicate lorsqu'il s'agit de savoir s'il est tenu également d'empêcher ce commerce pratiqué par ses nationaux. D'une part, les munitions ne consistent pas toujours en articles présentant d'une façon non équivoque le caractère d'engins de guerre : ce peuvent être des articles, comme le charbon, notamment, susceptibles d'être également employés dans l'industrie. D'autre part, et quel que soit d'ailleurs le caractère de ces munitions, il est assez difficile, dans le cas où elles auraient été expédiées soit à destination d'un neutre, soit même à destination d'un belligérant, mais seulement pour le transit, de s'assurer d'une façon indiscutable qu'elles ont ce belligérant pour destinataire réel et définitif. Le Gouvernement qui entraverait ces expéditions risquerait donc, en voulant paralyser un négoce interlope, de paralyser du même coup le véritable commerce. Or les Anglais, nation commerçante avant tout, et qui ne comprend le commerce qu'avec la liberté la plus large, devaient d'autant plus s'arrêter devant une considération de ce genre, que l'interdiction porterait non sur un produit accessoire, dont l'immobilisation n'affecterait que médiocrement le mouvement des affaires, mais qu'elle se trouverait peser en première ligne sur le charbon dont le débit est pour le pays une source si abondante de richesses.

Dans cette situation, le Cabinet ne crut pas devoir proposer une loi pour défendre l'exportation de la contrebande de guerre. L'*Attorney general* déclara à la Chambre des Communes, à la fin de la session, que les exportateurs demeuraient libres à cet égard d'agir à leurs risques et périls, et qu'ils n'encouraient d'autre pénalité que la prise de leur cargaison si elle tombait aux mains d'un des belligérants. Il y avait bien une loi de 1853 qui permettait au Souverain d'interdire la sortie des armes ; mais elle semblait viser le cas d'un danger extérieur menaçant le pays ; et c'eût été fausser l'esprit de la loi que de supprimer absolument le commerce des armes lorsque le pays n'avait à se défendre ni contre un péril du dedans, ni contre un péril du dehors. Le Cabinet prit donc le parti du laissez-faire.

En fait, ce système de tolérance ne pouvait profiter qu'à nous seuls, puisque les Allemands n'avaient pas de flotte, et que nous seuls, tenant la mer, pouvions nous faire adresser par cette voie des munitions. Toutefois, est-il besoin de dire que si la résolution servait par hasard nos intérêts, ce n'est pas pour les protéger, ce n'est pas pour assurer le respect de nos droits sous le régime de la neutralité que le Ministère persistait dans sa ligne de conduite? Il a bien essayé, à nos yeux et aux yeux de l'Europe, de se prévaloir de ces nobles inspirations, de cette courageuse impartialité qui se serait exercée avec constance malgré le courroux du vainqueur. M. de Bismarck a bien pu aussi trouver son compte à seconder indirectement les Ministres dans leur propre panégyrique, en feignant de croire qu'ils avaient voulu, par la mesure en question, favoriser la France. Mais la colère simulée du chancelier ne doit nous faire prendre le change, pas plus que ne doit pas nous égarer l'apologie des Ministres par eux-mêmes. Nous savons ce qu'il faut penser de l'impartialité et de l'indépendance d'un Cabinet qui a ourdi contre la France la Ligue des Neutres : si dans la circonstance il s'est décidé à affronter le ressentiment de la Prusse, ce n'est pas pour l'amour des principes qui, sur cette question délicate de droit international, s'accommodaient d'une solution dans les deux sens ; ce n'est pas non plus par égard pour la France qu'il ménageait si peu, et qui, strictement, n'aurait pas été fondée à faire d'objection juridique contre la défense d'exporter. Non, l'intérêt commercial de l'Angleterre lui a seul fourni la raison de décider, et lui a seul paru assez puissant pour tenir tête une fois par hasard à l'Allemagne.

XVI

Quoi qu'il en soit, c'est sur une prétendue faveur faite à la France par le Cabinet britannique que M. de Bismarck appuya ses premières récriminations contre lui. Elles s'accentuèrent bientôt à la suite d'une déclaration, d'ailleurs inexacte ou mal comprise, du comte de Palikao ayant annoncé à la tribune du Corps législatif, le 26 août, qu'il avait fait venir 40,000 fusils de l'étranger (1). La nouvelle d'une expédition si importante excita l'émotion en Allemagne ; et c'est alors que des explications furent demandées à lord Granville.

Les plaintes de la Prusse fournissaient, il faut bien le dire, matière à un rapprochement assez piquant. M. de Bismarck, si chatouilleux vis-à-vis de l'Angleterre, se montrait au même moment singulièrement tolérant vis-à-vis d'une autre nation qui se permettait alors des actes analogues, mais d'une gravité bien autrement haute, sur une échelle bien autrement large, des actes bien autrement difficiles, ceux-là, à concilier avec les règles de la neutralité. Tandis que des ports anglais sortaient en plus ou ou moins grande quantité, sans l'opposition, mais aussi sans le concours de l'État, des armes exportées par l'industrie privée, mais par elle seule, le Gouvernement des États-Unis, le Gouvernement lui-même, par esprit de spéculation, se livrait, sans qu'aucune plainte se fît entendre de Berlin, à ce genre d'exportation. Usant d'une autorisation qui lui avait été conférée par un acte du Congrès de 1868, il procédait à des adjudications considérables d'armes démodées qui restaient dans ses arsenaux. Ces armes, achetées pour le compte de la France, étaient immédiatement embarquées sur des navires français. Ici l'Allemagne aurait eu vraiment beau jeu à se plaindre d'un concours direct fourni à un belligérant par le Pouvoir exécutif d'un État neutre. Mais le Chancelier ne grossissait pas la voix vis-à-vis de chacun. Il en réservait les éclats pour ceux-là seuls sur lesquels il en avait éprouvé l'action ; et c'est ainsi que, dans la circonstance, ce qui était crime en deçà de l'Atlantique devenait licite au delà.

En fait, pour laisser l'Amérique de côté, il est résulté des vérifications postérieures que le chiffre des exportations d'armes de manufactures anglaises en France pendant la guerre a été singulièrement grossi par l'imagination prussienne, et que nous

(1) La commande avait bien été effectuée, et MM. Jackson s'étaient bien engagés, le 26 août, à livrer au Ministère dans le délai d'un mois 40.000 fusils Remington ; mais il n'en a été fourni en réalité que... 1.155 ! (V. rapport de M. Riant au nom de la Commission des marchés : annexe au procès-verbal de la séance du 14 septembre 1871, n° 653, p. 11).

n'avons reçu par ce canal qu'un renfort bien secondaire (1). Néanmoins, M. de Bismarck le prit tout de suite de haut avec l'ambassadeur anglais, lord Loftus ; et le 30 juillet, avant même l'incident Palikao, il lui déclarait, au dire de son interlocuteur, que « l'attitude de la Grande-Bretagne faisait naître contre elle, dans toutes les classes, non seulement une grande irritation, mais un sentiment d'indignation.

Lord Granville, en se défendant, adressait à la Prusse un argument *ad hominem*, et basé sur des faits dont le souvenir aurait dû paralyser l'expression des griefs germaniques. Pendant la guerre de Crimée, elle avait précisément toléré l'exportation d'armes de Prusse en Russie, et le transit d'armes de fabrication belge à travers le territoire prussien. Cependant, — faisait remarquer lord Granville, — le Gouvernement prussien n'était pas condamné par sa législation comme l'était aujourd'hui le Cabinet anglais, à demeurer passif. Tout au contraire, il avait en main une loi prohibitive des plus précises : car il avait lui-même édicté un décret interdisant le transport d'armes venant de l'étranger ; mais il n'avait eu garde de le mettre en œuvre, et l'avait laissé violer au profit d'un belligérant.

Le débat qui venait ainsi de s'ouvrir, se poursuivit dans une série de notes échangées entre M. de Bernstorff, l'ambassadeur allemand à Londres, et lord Granville. Ce ne fut pas trop de toute la modération et de toute la courtoisie de ce dernier pour maintenir la correspondance dans les termes diplomatiques ; car M. de Bernstorff s'exprimant avec toute la présomption et l'impétuosité du représentant d'une nation victorieuse, mit à une rude épreuve la patience britannique. Il éclata dès le début, dans l'exposé qu'il fit de sa théorie sur la neutralité : l'Allemagne, qui a le bon droit pour elle, est fondée à invoquer une neutralité de faveur. « Il est hors de question, disait-il, que la France a fait gratuitement la guerre à l'Allemagne. Le verdict du monde, et en particulier le verdict des hommes d'état et du public en Angleterre, a unanimement déclaré l'Empereur des Français coupable de la plus scandaleuse violation de la paix. L'Allemagne se trou-

_____

(1) Nous n'avons reçu en tout que 23.000 fusils et 4.200.000 cartouches, soit moins de 2 p. 100 de ce que nous avions demandé (V. page 3 du rapport de M. Riant indiqué plus haut).

vait donc amenée à compter que la neutralité de la Grande-Bretagne, son ancienne alliée contre l'agression napoléonienne, serait, quoique stricte en la forme, du moins bienveillante dans ses tendances pour l'Allemagne ; car il est impossible pour l'esprit humain de ne pas se ranger du côté d'un parti ou de l'autre dans une guerre comme la présente guerre. A quoi sert-il d'avoir raison ou tort aux yeux du monde si le public reste insensible aux mérites d'une cause ?... En présence de l'exportation continuelle d'armes, de munitions, de charbon et d'autres engins de guerre, faite d'Angleterre en France, en présence de faits dont se vante ouvertement le Ministre de la Guerre français, et qui ne sont pas dénié par le Gouvernement britannique, il n'est pas besoin de démontrer que la neutralité de la Grande-Bretagne, loin de s'exercer impartialement vis-à-vis du parti en faveur de qui le bon droit a été reconnu, s'est exercée au contraire, comme elle aurait pu l'être, si ce parti avait été jugé dans son tort, aux yeux du peuple et du Gouvernement anglais. » M. de Bernstorff continuait en disant que « le système pratiqué pourra accroître la richesse de quelques commerçants, mais que la nation sera tenue moralement responsable du sang que ces individus auront aidé à faire répandre. On dira que la guerre aurait pris fin plus tôt, et que moins de soldats allemands auraient été tués ou blessés, si le peuple et le Gouvernement anglais n'eussent pas permis de tels abus. Ce n'est pas sérieusement qu'on peut prétendre que les Allemands sont libres de saisir le Conseil des Prises de chaque cas de contrebande ; il semble qu'en laissant à l'Allemagne cette faculté dérisoire, on veuille lui adresser une raillerie déplacée sur ce qu'elle n'est pas maîtresse des mers... Si le Gouvernement anglais persistait dans son attitude vis-à-vis de l'Allemagne, quoiqu'il eût reconnu la justice de la cause de celle-ci, les plus chauds défenseurs des relations amicales entre l'Angleterre et l'Allemagne auraient peine à persuader à la nation allemande qu'on ait agi loyalement vis-à-vis d'elle. » Lord Granville conserva, dans la discussion, l'attitude la plus digne. Décidé à ne pas céder sur le fond, et à ne pas léser ainsi le commerce national, il trouva l'occasion d'ennoblir sa résistance, en se faisant, du même coup, le champion des droits du vaincu : « V. Exc., — dit-il en terminant sa dépêche à M. de Bernstorff, — est le représentant d'une grande et chevaleresque nation.

Elle reconnaîtra avec moi qu'il ne nous serait pas possible de changer une politique que nous avons déclarée au Parlement être traditionnelle, juste et sage, sous le prétexte que le belligérant victorieux prétendrait qu'elle peut, à un certain degré, être favorable à l'ennemi vaincu. »

'M. de Bernstorff, loin de se rendre aux arguments de son adversaire, ne se montra que plus irrité : « Le plus éloquent défenseur de l'attitude prise par le Gouvernement de S. M. Britannique, dit-il encore en terminant sa dépêche du 8 novembre, ne réussira pas aux yeux de l'Allemagne à représenter une telle politique de neutralité comme étant en harmonie avec les considérations d'humanité et les aspirations de paix si fréquemment alléguées par l'Angleterre. Quant à l'espérance exprimée par V. Exc. que le peuple allemand reprenant son sang-froid, jugera moins sévèrement l'attitude de la Grande-Bretagne qu'il ne peut le faire présentement dans la chaleur de l'action, je regrette de ne pouvoir la partager, étant donnée la connaissance que j'ai que chaque jour notre ennemi est équipé avec des armes anglaises. Si un tel état de choses continue, je ne puis compter, pour calmer les sentiments de la nation allemande, que sur les marques nombreuses et actuelles de sympathie données par le peuple anglais à l'Allemagne. » On sent l'exaspération qui se fait jour à travers le réseau des formes diplomatiques.

XVII

Quand le représentant de l'Allemagne avait peine à se maintenir dans la politesse officielle, on peut penser si, derrière lui la presse allemande, qui ne se piquait pas de diplomatie, se gênait pour élever la voix, et si tous les publicistes prussiens rivalisaient d'insultes contre l'Angleterre. Voici comment s'expri-

mait un article publié au début de la guerre dans une célèbre
revue prussienne par un professeur à l'Université d'Heidelberg.
Il fit, paraît-il, sensation en Allemagne, et eut l'honneur d'une tra-
duction en anglais. L'auteur, après s'être étendu sur la déception
de l'Allemagne qui avait espéré le concours de l'Angleterre, qui
s'était flattée de voir la bonne cause soutenue par un peuple
libre, ayant le sentiment de la justice, continue ainsi : « Mais
la convoitise de Mammon a étouffé tout sentiment d'honneur, toute
conscience du juste et de l'injuste. La lâcheté et la sensualité se
sont abritées derrière l'onctueux langage théologique qui, pour
nous autres Allemands libres-penseurs, est le plus répugnant de
tous les péchés inhérents au caractère anglais. Il nous semble
entendre le curé, parlant avec un ton nasillard, quand nous
voyons la presse anglaise roulant des yeux pleins d'indignation
en présence de la guerre antichrétienne que se font les nations
du continent; comme si le Dieu tout-puissant, au nom de qui
combattaient les *Côtes de fer* de Cromwell, nous commandait à
nous, Allemands, de laisser l'envahisseur marcher en paix sur
Berlin. Quelle hypocrisie! Pendant ce temps les marchands anglais continueront, comme les *Mynhers* d'Amsterdam, d'appro-
visionner la France de poudre, de charbon et de chevaux.....
Quand viendra la paix, le mépris du monde pèsera comme une
montagne sur les épaules de l'Angleterre; et peut-être alors un
Congrès européen se réunira-t-il quelque jour, qui déclarera
neutre l'insulaire royaume, tout comme la Belgique et la Suisse, et
qui accordera à la Reine des mers le pouvoir de vendre au plus
offrant ses flottes devenues des joujoux inutiles. »

Un journal, le *Zeitung fur Nord Deutschland* proférait des
menaces presque prophétiques : « Les Anglais assistent philoso-
quement à la lutte parce qu'ils croient n'avoir pas à redouter une
invasion, l'Allemagne n'étant pas une puissance maritime. Mais
qu'ils n'oublient pas que nous travaillons à remédier à notre faiblesse sur ce point! Un jour viendra où ni la mer du Nord ni la
Manche ne nous arrêteront. *Sur une mer allemande, près l'em-
bouchure de deux rivières allemandes, est une île allemande,
Héligoland, qui nous a été arrachée au jour de notre faiblesse. Il
nous faut rentrer en possession de ce morceau du sol allemand.*
Si Héligoland nous avait appartenu, la flotte française n'aurait
pas trouvé là un abri et des pilotes pour la conduire dans les

ports de la mer du Nord. Eh bien! tenons-nous donc sur le qui-vive, voilà tout! »

Le correspondant du *Times*, du 16 décembre 1870, signalait que, dans l'armée allemande, les officiers demandaient hautement qu'on fît une descente en Angleterre, qu'ils se disaient certains du succès. Le correspondant ajoutait : « Si nous voulons continuer l'exportation des armes de contrebande, il faut nous préparer à défendre notre liberté d'action les armes à la main (1) ».

Lorsque la Russie eut annoncé son intention de se dégager du traité de 1856, les journaux allemands applaudirent à la déconvenue anglaise, et dans les termes les plus méprisants pour la nation comme pour le Cabinet. C'est ainsi que la *Gazette de Cologne* disait : « Que va faire l'Angleterre? Nous dirons plutôt : Que peut faire l'Angleterre? Le digne Gladstone nous fait l'effet d'un lièvre apprivoisé qui est obligé de faire partir un pistolet à la foire. Quant à Bright, il se demande si dans l'intérêt de la civilisation il ne vaut pas mieux que les Russes soient à Constantinople. »

Enfin, — détail vraiment digne de remarque, et dans lequel se trahit, d'une façon singulièrement osée, l'insolence du vainqueur, — la presse officielle elle-même entre en lutte contre les Anglais; et le 20 janvier 1871, un article du *Moniteur de Versailles* disait que l'organisation du système militaire anglais imposait à la nation « un rôle d'effacement ». Il est vrai que l'article était contenu dans la partie non officielle, et que, le lendemain, M. de Bismarck faisait adresser des excuses à lord Granville. Mais la liberté n'en parut pas moins un peu forte.

---

(1) D'après le correspondant de l'*Indépendance belge* du 29 novembre, un officier général aurait dit à des correspondants anglais : « Tant que la Reine Victoria vivra, nous vous laisserons tranquilles; car elle est à moitié allemande. Mais que le Prince de Galles, qui est tout à fait Anglais, monte sur le trône, et vous verrez si nous avons peur de vous! »

XVIII

On comprend que tous ces outrages aient dessillé les yeux des Anglais, et que le sentiment populaire soit revenu de notre côté. Ceux qui nous avaient attaqué le plus vivement devenaient maintenant nos plus ardents défenseurs. La presse faisait désormais pour nous une chaleureuse propagande. Les journaux à illustrations humoristiques, comme le *Punch* qui avait caricaturé la France au début de la guerre, publiaient maintenant des images relevant plutôt de l'élégie que de la satire : tantôt on voyait la France sous les traits de Niobé entourée de ses enfants qui tombaient sous les flèches allemandes ; tantôt on représentait Paris sous la figure d'une femme prête à succomber d'épuisement aux pieds de l'Empereur d'Allemagne, accompagné d'un spectre, la Famine, qui était désignée dans la légende, au bas du dessin, comme « l'alliée de la Germanie ».

Des meetings étaient organisés dans lesquels on votait des résolutions en faveur de la France (1) ; on mettait le gouvernement en demeure d'intervenir pour elle. M. Gladstone eut ainsi à recevoir, au mois de septembre, une députation organisée sous les auspices d'une association dite « le Conseil de la Ligue représentative de Londres ». Cette députation, composée de cent soixante représentants des principales *trades societies* de Londres et de la province, vint le solliciter en notre faveur. Il s'en tira par des banalités derrière lesquelles sa situation officielle l'autorisait d'ailleurs à se retrancher, quand il n'écrivait pas dans la *Revue d'Edimbourg*. Un des membres de la députa-

(1) A Birmingham où fut tenu un meeting de ce genre, on remarque parmi les signatures apposées au bas des résolutions adoptées la signature de M. Chamberlain.

tion le mit cependant au pied du mur, et lui demanda ce qu'il pensait d'une annexion de territoire. Il répondit que « la grande objection qu'il apercevait contre une annexion, c'est que les populations sont ainsi, sans leur consentement, transférées d'une puissance à une autre ».

Une autre adresse fut encore, à la fin de septembre, votée à M. Gladstone dans un grand meeting que présidait M. Congreve, disciple distingué d'Auguste Comte, et dans lequel figuraient le professeur Beesly, nourri à la même école, ainsi que M. Bradlaugh. On demandait que le Gouvernement s'interposât pour obtenir une paix honorable à la France : « Ce serait pour l'Angleterre une honte éternelle, si elle ne faisait pas tous ses efforts pour arrêter le carnage. »

Dans une nouvelle réunion publique, tenue en octobre, présidée par M. Merrimann, et dont MM. Beesly et Congreve faisaient encore partie, on vota « que l'Angleterre eût à faire des représentations à la Prusse sur son attitude agressive ; que si la Prusse ne tenait pas compte de ces représentations, l'Angleterre eût à conclure une alliance strictement défensive avec la France ; que le Parlement fût convoqué pour examiner le devoir de la nation dans la présente guerre ; enfin, qu'au cas du bombardement de Paris, le peuple anglais demande que toutes les pensions octroyées jusqu'ici à quelqu'un des princes allemands qui auraient pris part directement ou indirectement à ce bombardement, lui soient retirées à lui comme à sa femme et à ses enfants. »

Dans un des derniers meetings tenu à la date du 11 janvier, pour « inviter le Gouvernement à reconnaître la République française, et à entraver la politique de spoliations territoriales », meeting où l'on remarquait la présence de plusieurs démocrates avancés, la résolution suivante fut adoptée au milieu d'une très nombreuse assistance, à savoir : « que la réunion condamne la conduite de M. Gladstone comme compromettant l'honneur et la sécurité du pays par l'incertitude et la faiblesse de sa politique étrangère. »

Plusieurs manifestations individuelles méritent d'être rappelées à côté des manifestations collectives. A Londres, sir F. Kelly, premier baron de l'Échiquier, ayant, par le devoir de sa charge, à installer le lord-maire, et à prononcer le discours d'usage, crut devoir en corriger la banalité par une phrase où il exprimait le regret de voir que « la fidèle alliée de l'Angleterre était écrasée, et que la prépondérance de l'Allemagne menaçait l'équilibre de l'Europe. »

Le courant qui entraînait les sympathies vers la France fut si intense qu'un des membres même du Ministère, sous-secrétaire d'État à l'Intérieur, M. Knatchbull Hugessen (1), déposa un moment la réserve officielle pour s'associer au mouvement dans une réunion où il harangua ses électeurs le 21 novembre. Après une précaution oratoire à l'effet d'expliquer qu'en sa qualité de membre du Gouvernement il n'avait pas les coudées franches pour exprimer son opinion, il la formulait cependant en ces termes : « J'admets que, d'une façon générale, l'Angleterre n'intervienne pas. Soit ; mais sommes-nous préparés à pousser le principe au point de devenir une puissance de second ordre? Sans doute, tout homme vivant sous une monarchie constitutionnelle doit avoir, dans cette guerre, fait des vœux pour voir aboutir l'unité allemande honnêtement souhaitée et honnêtement poursuivie. Mais si cette unité ne doit servir que d'instrument pour l'agrandissement de la Russie et pour assurer le despotisme allemand, je vois là un fait de nature à me confirmer dans l'idée que j'ai toujours eue depuis le premier moment, à savoir que l'unité allemande n'était pas le but principal pour lequel la guerre était entreprise. Ce serait un grand malheur pour l'Angleterre et pour l'Europe, si la France était humiliée au point de ne plus pouvoir offrir de contre-poids aux prétentions de la Prusse et de la Russie. »

<h1 style="text-align:center">XIX</h1>

Une des formes qu'affecta la sympathie en faveur de la France fut un déchaînement général contre le Ministère. Si dans le cours de ce récit nous avons parfois proféré des paroles

(1) Il fut en 1880 élevé à la pairie sous le nom de Lord Brabourne.

sévères, notre blâme n'est qu'un écho affaibli des injures et des expressions de mépris qui étaient alors déversées chaque jour sur lui. Les partis étaient heureux de trouver à qui s'en prendre d'une politique qu'ils avaient, il faut bien le dire, inspirée et encouragée. Ils vociféraient d'autant plus haut qu'ils espéraient ainsi dérouter l'opinion, et faire oublier leur part de responsabilité dans des fautes dont ils étaient complices. Chaque humiliation nouvelle que les événements apportaient à l'Angleterre, qu'elle vînt de la Russie, de la Prusse ou des États-Unis, servait de texte pour une nouvelle philippique. On rattachait l'échec ou l'affront à une cause première : l'abandon où on avait laissé la France était la source de tout le mal. C'était vrai; mais les Anglais demandaient compte de cet abandon au Cabinet, et le Cabinet aurait pu, à son tour, en demander compte à ses concitoyens.

Quoi qu'il en soit, tous les grands journaux le criblaient à l'envi de leurs traits les plus acérés : « On emploie contre nous un style menaçant, - disait le *Morning Advertiser*, après la manifestation des projets de M. de Bismarck contre la neutralité du Luxembourg, - et le Gouvernement hésite ; il demande le temps de la réflexion ! Ah ! qui nous rendra pour une heure un Henri VIII, un Cromwell ou un Pitt ! » — « Les Français sont exaspérés contre nous, disait le *Standard*. Ils ne veulent pas croire que les masses ont sympathisé avec eux depuis Sedan, tandis qu'un sentiment d'indignation envahit le royaume entier à l'aspect de cette cruauté dans la poltronnerie avec laquelle on applaudit au succès de la force brutale. » Le même journal, parlant des sarcasmes que la presse allemande adressait à l'Angleterre et au Cabinet à l'occasion de la dénonciation du traité de 1856, disait : « Ces sarcasmes sont mérités. Presque tous les hommes politiques du continent partagent les sentiments qui s'y trouvent exprimés. Il est naturel de penser que la Russie qui a vu avec quelle soumission nous restions spectateurs pendant qu'on détruisait nos alliés de Crimée, en ait conclu que la présence de MM. Gladstone et Bright dans le Cabinet signifiait que la politique de 1854-1855 devait être renversée, ou tout au moins que l'Angleterre n'opposerait aucune résistance à ses demandes. » Le 31 décembre, il résumait ainsi la situation dans laquelle le Ministère avait placé l'Angleterre : « Muets et abaissés, nous avons cessé de nous affirmer comme un pouvoir en Europe. Les arbitres du continent ignorent jusqu'à notre existence. Ils déchirent nos traités, répudient nos garanties, nous signifient des sommations honteuses de quitter notre place dans les conseils de l'Europe; et nous ou notre gouvernement libéral, nous croyons que, tandis que les autres nations sont occupées à se partager les dépouilles des États que nous nous sommes solennellement engagés à défendre, nous suivons une politique de paix! L'année 1870 a été témoin de notre humiliation. L'année 1871 verra-t-elle les conséquences naturelles de cet état de choses? »

Plus tard enfin, au mois de janvier, ce journal parlant d'une lettre que M. Guizot avait adressée à M. Gladstone, et se demandant si cette lettre pourrait avoir quelque action sur le Premier Ministre, disait ironiquement : « Oui, cette lettre le toucherait si c'était l'adresse d'une *trade-union*, d'une députation demandant l'élargissement d'Irlandais rebelles, si elle avait trait à quelques griefs d'électeurs radicaux. Mais ce n'est que l'appel de la France abattue et sanglante, par la bouche d'un de ses plus illustres citoyens. Ce n'est pas là une question qu'on puisse régler par un bill; et n'y a-t-il pas d'autres questions libérales bien plus importantes, - celle du scrutin, - la loi sur les maladies contagieuses, - la loi sur le mariage avec la sœur de l'épouse décédée, etc., qui doivent absorber toute la capacité d'homme d'État du premier Ministre d'Angleterre? »

Le *Times* lui-même, l'âme damnée du Ministère, disait en avril 1871 : « Les Ministres ont été un peu plus pénétrés de l'importance de nos obligations internationales à la fin de la guerre qu'au commencement. Ils ont suivi l'impulsion du peuple..... Cependant, on ne peut douter que si nous avions à revenir de huit mois en arrière, il y a dans notre conduite certaines parties que nous pourrions modifier avec avantage. »

Pour terminer cette revue des publications où les nouvelles dispositions en faveur de la France se traduisent par des outrages contre le Ministère, en même temps que par des attaques contre l'Allemagne, il faut signaler entre tous un pamphlet trop fameux pour être passé sous silence, tellement fameux qu'il a été traduit en plusieurs langues, et qu'il a servi de modèle à d'innombrables satires du même genre, toutes conçues dans le même esprit. Il est intitulé : « *Le Combat à l'École de la Dame Europe,* montrant comment le garçon allemand a rossé le garçon français, et comment le garçon anglais a laissé faire.* » La Dame Europe dirigeait une école de petits garçons. Elle avait choisi, parmi les élèves les plus grands et qui lui inspiraient le plus de confiance, cinq moniteurs, Louis, Guillaume, Alexis, Joseph et John, auxquels elle avait délégué une partie de son autorité sur le reste des gamins. John a laissé Guillaume rouer Louis de coups. Il aurait bien voulu intervenir, mais Billy (*Gladstone*), qui le fait marcher du bout du doigt, lui dit : « Reste à ta place, tu ne ferais que du gâchis, et je vais publier que tu es neutre. » — « Neutre, grommela John, je hais les neutres. Il me semble que c'est l'œuvre d'un lâche qui n'a pas de sang dans les veines, de laisser deux grands gaillards se déchirer à propos de rien. Je veux me mêler de la querelle. » — « Non, non, dit Bobby (*le chancelier de l'Échiquier Lowe*), une forte tête qui tenait les comptes de John et avait soin de son argent. D'ailleurs, tu n'as pas d'habit à te mettre, et tous les élèves se prendraient à rire si tu te présentais ainsi accoutré dans le jardin. Reste tranquille, mon garçon, amasse de l'argent et félicite-toi de vivre dans une île, et de pouvoir ainsi accepter les choses sans souci. » — « Soit, dit John, je peux du moins traverser la rivière, aller soigner les pauvres diables, s'il leur arrivait malheur. » — « Sans doute, répondit Bobby ; de cette façon, tu ne te feras pas d'ennemis. Cela te coûtera peut-être 18 pence d'onguent et d'emplâtre, tandis que si tu entrais en lutte contre Louis ou Guillaume, cela te coûterait pour le moins 10 livres ou plus... ». Un peu plus tard, John maudit Billy et Bobby, et les autres pieds plats qui s'étaient glissés dans sa faveur en lui enseignant à faire des économies. « Au diable l'argent, grommelait-il, je donnerais la moitié de ma boutique pour recouvrer mon prestige. » Mais il était trop tard maintenant... Après la bataille, la maîtresse de l'école, la dame Europe, interroge, devant tous les élèves, John, pris en sa qualité de moniteur, et lui demande pourquoi il n'a pas séparé les combattants : « Madame, répond John, c'est que j'étais un neutre. — Plaît-il ? dit celle-ci. — Un neutre, Madame. — C'est précisément, reprend-elle, le rôle que vous n'aviez pas à avoir. Si je vous ai investi d'une partie de mon autorité, c'est pour agir, non pour vous tenir à l'écart. Neutre, c'est un euphémisme pour lâche. Il faut toujours se ranger d'un côté ou de l'autre. Or, je voudrais bien savoir de quel côté vous vous êtes rangé. » Les écoliers riaient; la dame continua : « Eh bien! que répondez-vous? Des deux côtés vraiment? » A ce moment un chœur des gamins s'écria : « S'il vous plaît, Madame; mais il les a exploités tous les deux. » — « Juste ce que font toujours les neutres, dit la dame Europe. Écoute, John, je considère depuis longtemps ta conduite avec peine, et je vois que tu te plais à tout sacrifier, devoir, influence et honneur, pour l'amour de quelques misérables shillings. Tu as été mal conseillé, tu t'es entouré d'un tas de gaillards qui ne font honneur à personne; et tu ne les as choisis que parce qu'ils font des marchés meilleurs pour toi, dans les choses que tu vends aux autres élèves; et maintenant, tu vois les conséquences. Si tu avais eu autour de toi des garçons comme Ben [*Disraeli*) et Hugh (*Cairns* (1)], tu sais très bien que cette scène honteuse ne se serait jamais produite... Un jour peut-être tu peux avoir besoin d'amis. Puisses-tu en trouver! Prends garde que Guillaume le pacifique, l'inoffensif, ne s'efforce de passer la rivière, quand il pourra se procurer un bateau, et, un beau matin, ne prenne ton île par surprise. » — « Toute la faute est du côté de Louis, - dit John pour s'excuser, - c'est lui qui a commencé la lutte. Guillaume ne faisait que défendre la terre de ses pères. — « La terre de sa grand'mère, répliqua la vieille dame avec mépris. Il est charmant, en vérité, de parler de simple défense quand on pourchasse un enfant à travers toute la cour de la récréation et qu'on menace de détruire sa maison! Charmant de parler de défense quand on se prépare depuis six mois à commencer la lutte, et qu'on fait naître l'objet de la querelle! Mais non; tu as abusé du mandat que je t'avais confié comme moniteur de l'école, et je t'enlève ton office. » — « Pardonnez-lui, dirent tous les petits garçons; il a été si bon pour Louis et Guillaume quand ils étaient blessés. Il leur a apporté de l'eau, a lavé leurs figures, pansé leurs blessures et leur a rendu toutes sortes de services. » — « Soit, dit la dame émue, sa bonté pour les blessés plaidera sa cause, et j'espère qu'à l'avenir il aura mieux conscience de la haute position qu'il occupe dans l'école. » Puis

---

(1) Lord Cairns avait été chancelier d'Angleterre sous le ministère Disraeli en 1868.

la dame Europe continue son admonestation qui termine le pamphlet, en reprochant sévèrement au jeune John d'avoir, « étant champion de l'école, laissé faire des blessures dont les cicatrices ineffaçables crieront toujours haine à mort pour l'ennemi qui les infligea, et mépris profond pour l'ami neutre qui, calme et tranquille chez lui, laissa faire. »

XX

Si le revirement en faveur de la France fut étendu et profond, il ne fut cependant ni tout à fait immédiat chez certains des néophytes, ni non plus unanime. D'abord plusieurs personnalités éminentes, ou des hommes occupant des positions officielles nous demeurèrent hostiles, lord John Russell par exemple, qui, au lendemain de Sedan, avait adressé au Roi de Prusse une lettre de félicitations, et avait reçu en réponse, par l'intermédiaire de M. de Bismarck, les remerciements du souverain. Dans une brochure qu'il publia en 1871, il ratifie l'annexion de l'Alsace qui, affirme-t-il, est aussi unie à l'Allemagne que Venise était unie à l'Autriche jusqu'à la fin du XVIIIe siècle : « L'Alsace, dit-il, était si bien allemande que, quand elle a été réunie à la France, Louis XIV a offert de devenir membre de la confédération germanique pour avoir ainsi un titre à détenir cette province. Maintenant elle se prépare à abandonner ses habitudes françaises, et est toute prête à se façonner à la nationalité allemande. » Il ne désapprouve la conduite du Ministère qu'à un seul moment de toute cette période, lorsqu'au 16 octobre, dans un bon mouvement demeuré d'ailleurs sans suite, lord Granville a tenté de se concerter en notre faveur avec la Russie. Quand c'est la France qui s'écroule, il n'entend admettre pour son pays que la politique des bras croisés.

Nous signalions plus haut un membre du Ministère ayant,

pour se faire l'avocat de la cause française, rompu le sceau qui semblait lui fermer les lèvres. En revanche, d'autres de ses collègues ont bien à leur tour ouvert la bouche sur la question du jour, mais cette fois, pour se ranger du côté du vainqueur. Nous ne parlons pas ici de M. Gladstone. Sans doute, dans son fameux article de l'*heureuse Angleterre*, il n'a pas ménagé les vérités à la France. Il a dit que le mot de M. Jules Favre : « Pas une pierre, pas un pouce », retentissait aux oreilles de l'Europe comme une raillerie. Il a traité le Gouvernement impérial « d'insensé, de menteur et de corrompu, » et dit « qu'à la Cour des Tuileries, on respirait un air vicié; que cette Cour rappelait les pires jours de l'ancienne Rome, et corrompait la conscience du monde. » Mais comme dans le même article il parlait de l'avidité des Allemands, représentait leurs hommes d'État comme « brutaux et sans scrupule », raillait la piété du roi de Prusse, et dénonçait comme un pillage (1) le projet d'annexion de l'Alsace et de la Lorraine, on peut dire qu'il tenait à peu près la balance égale entre les deux parties, et que ni l'une ni l'autre ne pouvaient guère se prévaloir de cette singulière profession de foi. Nous ne la retenons donc pas; mais nous voulons parler ici du passage d'un discours prononcé le 30 septembre par M. Bruce, secrétaire d'État à l'Intérieur (2), devant ses électeurs d'Écosse : « Ceux qui demandent, disait-il, pourquoi, si la présente guerre n'avait pour but que de repousser une agression, l'Allemagne ne s'est pas trouvée satisfaite quand l'agression a été repoussée, pourraient aussi bien demander pourquoi, quand l'auteur d'un vol avec effraction (*house breaker*) pénètre dans une maison, le propriétaire ne se contente pas de le jeter par la fenêtre. Il désire naturellement prendre des mesures pour empêcher l'individu de recommencer. » Quelques mois plus tard, à la Chambre des Lords, lors de la discussion de l'Adresse, le duc de Richmond mettait assez plaisamment ce passage en regard du paragraphe du discours du Trône, où la Reine parlait de la

(1) « Allons-nous revenir, disait-il, à la pratique de traiter les populations de l'Europe civilisée comme de simples troupeaux?... Nous nous permettrons de dire à l'Allemagne que pour faire preuve de sa civilisation, il ne lui suffit pas de se vanter de ce fait que 6 ou 600 lettres auraient été écrites en sanscrit correct par les soldats de son armée à leurs amis restés au pays. »

(2) Depuis 1873, il est membre de la Chambre des Lords sous le nom de Lord Aberdare.

cordialité des relations qu'elle avait entretenues avec chacun des belligérants. La phrase lui paraissait un commentaire assez ironique des sentiments manifestés par un Ministre de la Couronne, qui avait comparé la France à un voleur, et ajouté que l'Allemagne ne devait pas « se contenter de jeter le voleur par la fenêtre. »

Dans un autre discours électoral, prononcé quelques jours avant sa fameuse harangue, le même M. Bruce donnait à entendre, - cette fois du moins sans expressions injurieuses, - que la chute de la France était un avantage pour l'Angleterre : « Quand, - disait-il, - la France était une grande puissance militaire et navale, il y avait assurément là pour nous une certaine cause de danger. Mais maintenant, où est pour nous le péril immédiat? Ce n'est pas du côté de la France qui en a pour des années avant de pouvoir réparer les maux de la guerre ; et quant à l'Allemagne, elle n'a pas de vaisseaux pour transporter une armée en Angleterre ».

On peut signaler encore comme un indice trahissant le mauvais vouloir de certaines autorités officielles à notre égard, le refus que fit, au mois de décembre, le lord-maire, d'ouvrir les portes du Guildhall à un meeting convoqué à l'effet « de prendre en considération la situation de la France, et d'examiner le meilleur moyen d'aboutir à une paix honorable et durable. » Pour justifier son refus, il s'emparait de quelques expressions échappées à un des organisateurs de la réunion, M. Merrimann, et empreintes d'hostilité contre la Prusse. Il affectait de craindre dès lors, en donnant l'hospitalité aux manifestants, de compromettre le Cabinet et « d'usurper les fonctions du Gouvernement ». Mais, — comme le remarquait justement le *Standard*, organe du parti conservateur, et peu suspect dès lors de partialité pour les radicaux qui composaient la réunion, — le lord-maire sortait de son rôle, en se constituant défenseur de la Prusse ; il n'avait qu'à se préoccuper du but avoué et ostensible de la réunion, qui méritait tous les encouragements, loin de prêter à la moindre critique. D'ailleurs, le caractère malveillant du refus fut encore accentué par l'attitude d'un des aldermen de la Cité, M. Cotton, qui écrivit au *Times* quelques mots pour approuver la conduite de son chef, en disant que le devoir de la France était de faire sa soumission à la Prusse.

XXI

Ce n'est pas seulement dans la politique, c'est dans le clergé que nous avons trouvé des adversaires. Il faut signaler le sermon d'un Bossuet au petit pied, qui n'a pu se refuser le plaisir de fulminer contre la grande Babylone. On croirait entendre l'Évêque de Meaux expliquant, dans le *Discours sur l'Histoire universelle*, comment « Dieu livra aux barbares cette ville enivrée du sang des Martyrs ». Ce sont nos crimes, notre impiété, qui ont attiré l'ire de Dieu sur notre tête. Et qu'on n'aille pas croire que nous avons racheté nos fautes par une héroïque défense! Cette défense sans espoir est une folie et un crime de plus : voilà ce que prêchait au commencement de 1871, dans une petite église, un révérend, chanoine honoraire de Carlisle. « C'est Dieu qui a armé le bras des Allemands. Les justifiera-t-on pour cela d'avoir accompli leur œuvre de destruction? Loin de là; mais ils n'en sont pas moins les instruments de la Providence, qui les a employés pour humilier l'orgueil de la France, et faire aboutir ses desseins de châtier ce peuple... Dans Paris et son peuple, beaucoup de traits nous rappellent Babylone d'une façon frappante ». L'orateur sacré continue en comparant Napoléon à Nabuchodonosor qui se mirait dans Babylone, comme Napoléon dans Paris, et il ajoute : « Cependant, comme à Babylone, il y avait à Paris une corruption morale sous de beaux dehors, corruption qu'il est tout simplement terrible de contempler. C'était la cité du plaisir, et le vice s'y étalait sous toutes les formes. Après les quatre mois de siège, même maintenant, le peuple n'est pas sérieux. Il ne peut se rendre compte de la situation. Les Parisiens ne sauraient croire que leur ville puisse être prise. Pas de foi en Dieu, et foi absolue en eux-mêmes! ces gens-là pensent que les Français sont pétris d'un limon plus précieux que le reste de l'humanité.

Voilà pourquoi Dieu frappe la France, et s'il continue à la frapper, c'est qu'elle ne se tourne pas vers lui. Aussi le Seigneur retranchera-t-il d'Israël tête et queue, branches et rameaux en un seul jour. On n'entend pas sortir de leur bouche un seul mot pour reconnaître la justice de la colère divine. Au contraire, nous n'entendons de leurs lèvres qu'un cri de vengeance contre les Allemands qui ne sont que les instruments de la colère divine; et ces cris sont entremêlés de harangues pour pousser un malheureux peuple à prolonger une vaine résistance!... »

Pour passer de ces élucubrations grotesques à d'autres moins plaisantes, mais plus haineuses, il faut se garder d'en omettre une qui, grâce au nom de son auteur, eut un grand retentissement. L'illustre historien Carlyle publia dans le *Times*, au mois de novembre, contre la France, un factum qui paraît plutôt l'œuvre d'un énergumène que d'un historien. Après avoir parlé de « cette facile pitié et de ces lamentations de journaux qui s'adressent à la France abattue, » il continue ainsi: « L'Allemagne serait folle après ses succès écrasants, de ne pas assurer sa frontière. Il n'y a pas de loi, de nation, pas d'actes de Parlement au monde, qui puissent faire que, seul des êtres terrestres, la France soit dispensée de rendre les biens qu'elle a pillés, quand le propriétaire trouve le moyen de les lui arracher à son tour. Le Français gémit bien haut qu'il est menacé de perdre l'honneur. Mais cela sauvera-t-il son honneur de refuser de payer les carreaux qu'il a cassés dans la fenêtre de son voisin?... Actuellement, la France paraît de plus en plus insensée, misérable, blâmable, digne de pitié, et même méprisable.... Je ne connais pas d'époque ou d'endroit où jamais ait été vue une nation se couvrant de tant de déshonneur. L'événement public de notre temps qui me paraît apporter avec lui le plus d'espérances, c'est que cette noble, patiente, profonde, pieuse et solide Allemagne soit enfin soudée en une nation, et devienne reine du continent, au lieu de cette France vantarde, éprise de vaine gloire, toujours gesticulant, querellant, agitée et tressaillante. »

Cette diatribe qui se passe de commentaires montre bien, comme toutes les manifestations ci-dessus relatées, à quel degré une minorité poussait encore l'hostilité vis-à-vis de la France dans les derniers jours de la campagne. D'autres documents sont utiles pour faire voir combien cette hostilité fut tenace puisqu'elle survécut à la chaleur de l'action, et ne prit pas fin avec la paix. En mars 1871, un membre du Parlement qui n'est aujourd'hui rien moins que le *lord Chief Justice* d'Angleterre, qui occupait déjà alors le poste considérable de *solicitor general*, sir J. Coleridge disait, dans une réunion électorale, que sans doute il avait de la sympathie pour la France, mais qu'il ne regrettait pas le résultat de la guerre : « Ce ne serait, de ma part, ni sincère, ni honnête si je prétendais le regretter. Je crois qu'avant peu, le monde éprouvera un soulagement indicible d'avoir à la tête du continent une nation brave... mais pacifique, au lieu d'une nation guerrière, turbulente, agressive. »

Le même sentiment est consigné non plus seulement dans des écrits paraissant au jour le jour, mais dans des ouvrages de longue haleine, rédigés de sang-froid. Dans un volume publié en 1873 par un pair irlandais, membre de la Chambre des Lords, lord Dunsany, et qui a pour titre : « Gaulois ou Teutons, » on lit « qu'il faut en finir avec la légende de *notre vieille alliée, notre fidèle alliée*, quand on parle de la France. » L'auteur ne reconnaît cette qualité qu'à l'Allemagne « qui a été notre alliée contre la France pendant la glorieuse guerre de Sept ans ; » et dans ses attaques contre celle-ci, il est heureux de pouvoir citer un passage d'une lettre de lord Palmerston, écrivant le 16 avril 1840, à lord Granville, le père du lord actuel, que « dans toutes les affaires, le Gouvernement français nous a toujours trompés. »

On lit encore dans un autre livre de 1871, intitulé le *Grand Duel*, et dû à la plume d'un sieur Greg, un des rédacteurs attitrés du *Pall Mall Gazette* : « La France ne sera plus désormais en état de jouer le rôle du faucon, du paon du continent, et d'entretenir la vaine gloire de ses citoyens encore plus fous, par des phrases comme celle-ci : Quand la France est satisfaite, l'Europe est tranquille. »

XXII

Dans la presse journalière, plusieurs des feuilles qui nous devinrent les plus dévouées mirent quelque lenteur à faire leur évolution. A la date du 12 septembre, quand M. Thiers vint inaugurer, par une démarche à Londres, sa mission auprès des Cabinets d'Europe, pourrait-on jamais croire que des journaux ayant la prétention d'être à la tête de l'opinion publique, et ce, dans un pays se piquant d'honorer les vaincus, se disant de plus ami de la France, pourrait-on jamais croire que ces journaux, le *Times*, le *Daily News*, le *Saturday Review*, soient descendus presque jusqu'à l'insulte vis-à-vis du représentant même de la France abattue, et lui aient si grossièrement refusé, sinon le tribut d'admiration dû à son patriotisme, du moins le respect dû à son âge. Le *Times* qui encore s'exprime sur le ton relativement le plus modéré, compare M. Thiers aux Bourbons qui n'ont rien appris ni rien oublié : « Cet homme qui a passé sa vie dans les affaires publiques, qui a été premier ministre, qui devrait être affranchi des illusions de la populace, vient suggérer que les nations neutres devraient intervenir pour repousser l'Allemagne au delà des frontières de France, si l'Allemagne ne se retire pas immédiatement devant leurs remontrances ! » « Il a, - dit encore ce journal quelques jours plus tard, - développé ses opinions à la grande surprise de ceux qui ne pouvaient croire que Sedan eût produit si peu de changement sur l'esprit d'un Français. »

« Ce qui frappe M. Thiers comme une idée tout à fait concevable, et d'une réalisation possible, - dit le *Saturday Review* du 17 décembre, - c'est que les principaux pouvoirs neutres devraient se grouper pour chasser de France les Allemands. Il a fait à l'Angleterre l'honneur de s'adresser à elle de prime abord, sans doute parce que le pays était plus voisin et d'un accès plus facile que l'Autriche ou la Russie, et peut-être aussi parce qu'il a dû se douter vaguement, qu'à moins que l'Angleterre ne fût assez idiote pour entrer dans le complot, aucune puissance n'y prendrait part. Il y a quelque chose de sublime dans l'audace naïve de ce dernier effort d'un vieil homme d'État. Le voilà lui qui, dans le temps jadis, a conduit la France aux confins d'une querelle avec l'Angleterre, et qui a passé le soir de sa vie à pousser ses compatriotes à battre à coups de pieds les Allemands, à les tuer avant qu'ils n'eussent le loisir de se former en un grand pouvoir; c'est lui qui vient ici nous demander de former une gigantesque ligue contre l'Allemagne dans la crainte qne la France ne soit écrasée (1)! »

Le *Pall Mall Gazette* avait déjà, en octobre, publié un article très violent intitulé « Des sympathies qui se fourvoient », dans lequel il blâmait comme dénué de raison le mouvement en faveur de la France, et demandait, qu'au contraire, on eût le courage de nous avertir que nous avions pleinement mérité notre sort, et que nous n'avions qu'à nous soumettre (2). Au mois de février, il publia encore, sous la signature d'une personnalité éminente, M. Edward A. Freeman, le grand historien, un article qui rappelait le ton de celui de Carlyle : « Le temps est venu d'accabler l'ennemi commun de la façon la plus complète qui se puisse trouver, de rendre pour le plus longtemps possible la France incapable de troubler la paix du monde. Cette grande œuvre de ven-

____

(1) Dans un article du 6 octobre, *le Times*, irrité des efforts que la France faisait pour réveiller l'apathie des neutres, disait avec sa malveillance habituelle : « Les neutres n'ont rien à faire qu'à laisser les belligérants vider leur querelle jusqu'à l'épuisement de l'un des deux. L'Allemagne peut devenir forte et la France faible. Mais la force de l'Allemagne n'est pas une menace pour nous, et nous sommes rassurés dans notre isolement. La France, par ses appels aux neutres, ne fait que se nuire, en prouvant ainsi que de terribles épreuves n'ont pas déraciné en elle le penchant national qui a poussé l'Empereur à la guerre. »

(2) Au mois de décembre, le même journal fit paraître à nouveau un article hostile qu'il importe de noter au passage, puisque, d'après le correspondant de *l'Indépendance belge*, il doit être attribué à Lord Salisbury. On y lisait cette phrase : « Un peuple qui est battu, et qui refuse obstinément de subir une expiation, des coupables vaincus, qui, néanmoins, cherchent à ravir à leurs vainqueurs les fruits de la victoire, présentent un spectacle qui froisse tous les sentiments d'équité. »

geance a incombé à la nation qui a souffert plus que toute autre de l'agression française. L'œuvre doit être accomplie ».

Ce qui rend ces articles plus particulièrement curieux, c'est qu'ils sont empruntés à des journaux qui, entraînés par le courant, allaient, pour la plupart, à quelques jours de là, devenir nos ardents soutiens. On voit ainsi que leur évolution, même après Sedan, a demandé un certain temps. Mais enfin elle s'est effectuée dans la presse comme dans le pays ; et les traces de jalousie, d'antipathie ou de haine qu'on rencontre encore à partir de cette époque, les manifestations hostiles qui surgissent, ne méritent d'être relevées que comme des faits exeptionnels détonant d'une façon choquante dans l'état nouveau des esprits où vont désormais régner la commisération et la pitié pour la France : toutes les classes témoignaient hautement le regret d'avoir abandonné l'ancien allié.

<h1 style="text-align:center">XXIII</h1>

Pendant ce temps, rien ne troublait le calme olympien des ministres, et le peuple maintenant converti ne réussissait pas à le faire dévier d'une ligne dans les résolutions qu'il leur avait jadis dictées. Peut-être étaient-ils dans le fond devenus plus bienveillants pour nous ; mais ils ne s'en cantonnaient pas moins dans les principes d'une neutralité pédante, qui n'était autre que de la pusillanimité.

Ah! ne me brouillez pas avec la République!

C'était là la véritable raison qu'on trouve derrière toutes leurs fins de non-recevoir au sujet d'une intervention en notre faveur. Lord Granville se complaisait dans une formule spéciale qu'il ressassait comme un refrain : « Le Gouvernement ne juge pas désirable d'offrir sa médiation, à moins qu'il n'ait un motif de croire qu'elle serait acceptable par les deux parties, et qu'elle fournirait une base sur laquelle toutes deux consentiraient à négocier. » En réalité, comme on le lui a dit plus tard à la Chambre des Communes, « attendre que l'instant fût venu pour cette fameuse base de négociations, c'était, ainsi que l'événement l'a bien prouvé, attendre, que la rivière eût fini de couler. Cette base qu'il attendait il ne l'a trouvée que quand la France a été étendue impuissante aux pieds de l'Allemagne. »

Se retranchant néanmoins derrière sa formule commode, le Ministère a trouvé ainsi moyen de ne nous rendre guère d'autres bons offices que ceux prescrits par l'humanité, que ceux trop impérieusement requis par le droit international et en même temps trop inoffensifs pour pouvoir éveiller la susceptibilité ombrageuse de la Prusse. Passée cette limite, ce n'est pas assez de dire qu'il est demeuré dans l'inaction. Il a agi, hélas ! Son action malfaisante a continué à s'exercer pour engourdir les bonnes dispositions des puissances. Il s'est défendu en disant assez naïvement que la preuve du scrupule consciencieux avec lequel il avait observé la politique de neutralité, c'est qu'il s'était attiré l'animadversion des deux parties. Résultat admirable, en effet, et bien digne qu'on le poursuive ! On croyait jusqu'ici que le succès d'une politique étrangère se mesurait au degré d'estime ou de prestige que le Gouvernement avait su se concilier au dehors ; mais nous avons changé tout cela : voici une école nouvelle qui s'occupe seulement de faire de la logique à outrance, et qui, comme le médecin de Molière, trouve « qu'il vaut mieux mourir selon les règles que de réchapper contre les règles. » Voyons donc cette politique.

D'abord, — pour prendre un fait qui, tout en n'ayant eu dans la lutte qu'une importance indirecte et secondaire, est cependant loin d'avoir été à ce point de vue sans influence et sans valeur, — jusqu'à la dernière heure, le Cabinet s'est refusé, malgré l'insistance continuelle de la Délégation de Tours, à reconnaître le Gouvernement provisoire. A la date du 20 janvier 1871, lord Granville écrivait encore à lord Lyons que le Cabinet avait de nouveau délibéré sur la question à la requête de notre Ambassadeur, M. Tissot, mais qu'il n'avait pas cru devoir, dans notre intérêt même, revenir sur sa détermination : « Le premier élément de reconnaissance fait encore défaut, et le Gouvernement de la Défense nationale a admis lui-même qu'il ne possédait pas la stabilité que seul peut lui donner un vote en forme d'une assemblée constituante. Il serait donc prématuré de reconnaître comme le gouvernement actuel de la France un pouvoir qui administre seulement les affaires du pays en attendant la décision de celui-ci quant à la forme du gouvernement sous lequel il lui plaira de vivre.... Le Cabinet ne pense pas que la reconnaissance servirait, quant à présent, les intérêts de la France vis-à-vis des puissances étrangères. Il paraîtrait préjuger la décision dernière de la nation française. Cela semblerait, de la part de l'Angleterre, une déclaration qu'elle entend favoriser spécialement une forme particulière de gouvernement. Mais ce pays a pour principe scrupuleux de ne pas intervenir dans les affaires intérieures des puissances étrangères. »

Ainsi la nation qui, deux jours après le coup d'État, reconnaissait Louis-Napoléon, trouvait prématuré de reconnaître, après quatre mois, un Gouvernement se faisant obéir par toute la France, levant des armées, et soutenant une lutte homérique avec l'énergie que l'on sait ! Quand il s'était agi de ratifier, avant la sanction du plébiscite, l'avènement de l'Homme de Décembre, elle ne s'était pas avisée qu'elle paraissait favoriser une forme particulière de Gouvernement, et s'immiscer dans les affaires intérieures d'un pays. Mais les circonstances étaient alors à la hauteur de son courage. Cette fois au contraire, il aurait fallu affronter la mauvaise humeur d'un vainqueur qui n'aurait pas vu sans ennui son adversaire accrédité auprès de l'Europe, et revêtu ainsi d'une autorité morale qui aurait pu peser dans les négociations.

Or, l'attitude du Cabinet anglais à cet égard nous a été d'autant plus préjudiciable qu'elle a servi de prétexte à la timidité de plusieurs autres puissances pour se dispenser de reconnaître le Gouvernement de la Défense. C'est ainsi que l'Autriche s'abstint en déclarant à lord Granville, par l'organe du comte de Beust que « l'attitude du Gouvernement autrichien était la même que celle d'autres Cours amies de la France, et que l'Autriche savait que l'Angleterre, entre autres puissances, avait répondu de même à une demande semblable qui lui avait été adressée. »

XXIV

Arrivons maintenant à la conduite du Cabinet dans les incidents qui ont, ceux-là, directement trait à la lutte et aux négociations entre les belligérants.

Tout d'abord, voici les premières communications entre M. Jules Favre et M. de Bismarck, au mois de septembre, pour une entrevue qui pourra amener la paix. Le Cabinet avec un empressement dont il faut lui savoir gré, consent sans doute à servir d'intermédiaire pour la fixation des entrevues entre les deux hommes d'État. Mais il faut bien se garder de lui demander rien davantage. Lord Granville tressaille à la seule pensée, qu'il pourrait tenter un pas de plus. M. Jules Favre lui avait fait savoir, par l'organe de lord Lyons, que le Gouvernement aurait désiré qu'une offre de médiation fût faite à la Prusse, sur la base de l'intégrité du territoire français. « V. Exc. voudra bien informer M. Favre, — répond lord Granville, — que le Gouvernement de S. M. estime qu'il ferait plus de mal que de bien à la cause de la paix, s'il tentait de s'entremettre à moins d'avoir raison de croire que les deux parties recevraient sa médiation, et qu'il y aurait une base de négociation que toutes deux accepteraient. »

On se heurte toujours au même système : c'est dans notre intérêt qu'on nous abandonne, comme c'est dans notre intérêt, qu'on refuse de reconnaître le Gouvernement. Non seulement le Cabinet repousse comme compromettante la demande de M. Jules Favre, mais quand, quelques jours après, M. Thiers le sollicite d'appuyer auprès de M. de Bismarck la demande d'amnistie, au nom de l'humanité et au nom de l'*équilibre européen*, cette dernière expression retentit avec un accent trop belliqueux pour les oreilles de lord Granville. Parler à la Prusse de l'équilibre européen ! Y songe-t-on ! De pareilles considérations dans la bouche d'un neutre ! Mais autant dire que l'Angleterre abjure sa neutralité, et s'enrôle du côté français ! Toute la hardiesse de lord Granville va donc seulement jusqu'à écrire à l'ambassadeur allemand, en lui transmettant la demande d'entrevue présentée par M. Jules Favre, « que cette requête lui semble fournir une occasion... de donner à chacun des belligérants le moyen de mieux se rendre compte de leurs vues respectives, et de préparer les voies à une paix honorable. » Il s'en tient, en un mot, suivant la parole mélancoliquement railleuse de M. Thiers « au langage d'un pasteur prêchant la charité. »

En rappelant ici comment M. Thiers ne put arracher du Cabinet une apostille efficace à la demande d'armistice, nous rappelons implicitement l'échec de sa mission relativement à là démarche plus étendue qu'il était venu solliciter, l'intervention directe de l'Angleterre en faveur de la France. On sait comme toute sa haute habileté et toute son éloquence patriotique se heurtèrent au parti pris du Cabinet. On sait comme il eut même à essuyer des récriminations amères et de dures paroles. Quand, il adjura lord Granville de se souvenir d'une longue alliance, et insista en disant que l'Angleterre devait avoir à cœur de revendiquer sa place dans les conseils de l'Europe : « J'ai répondu, — écrit lord Granville à lord Lyons, auquel il fait le récit de l'entrevue, — que naturellement nous étions les juges du meilleur parti que nous avions à prendre pour ce qui nous concernait. » C'était là une réponse peu courtoise, et plus tard, à la Chambre des Communes, on l'a reprochée à lord Granville.

Sans doute, dans la suite de l'entrevue, des formes meilleures et même cordiales prévalurent. Mais ce fut à peu près la seule satisfaction qu'obtint M. Thiers. Cependant, avec son tact et sa présence d'esprit, il n'avait pas négligé les plus petits moyens pour s'insinuer dans l'esprit du chef du Foreign Office. Il avait eu soin, tout en insistant sur les raisons générales qui auraient pu l'émouvoir, de l'ébranler personnellement par la flatterie la plus délicate pour un fils. Il avait trouvé occasion de lui parler de son père, et des qualités éminentes que celui-ci avait déployées comme ambassadeur à Paris. L'orgueil filial de lord Granville fut chatouillé au point qu'il a éprouvé le besoin de consigner un si précieux témoignage dans le récit général de l'entretien, inséré au *Blue book*, et d'apprendre ainsi aux

Chambres et à la postérité que M. Thiers tenait son père en haute estime. Mais l'ombre de ce père évoquée avec tant d'art ne put amener le fils à une résolution virile. M. Thiers ébranla bien lord Granville, mais sans l'entraîner.

.... contente-toi de m'avoir étonné.

« J'ait dit à M. Thiers, — continue-t-il dans sa dépêche à lord Lyons, — qu'il ne devait pas être mécontent du résultat de sa visite en Angleterre : il ne pouvait guère espérer, même avec toute sa capacité, changer le cours de la politique que le Gouvernement de Sa Majesté avait adoptée après mûre réflexion, et avait annoncé au Parlement; mais que quant à l'autre objet de sa mission, celui d'expliquer la nécessité à ce moment de la forme actuelle du Gouvernement en France, et le mérite de MM. Favre, Trochu et autres membres dirigeants, il avait produit beaucoup d'impression sur moi et sur les autres avec lesquels il s'était entretenu. » M. Thiers écrivait à son tour à M. Jules Favre en faisant le récit de sa mission : « Il est certain que j'ai cru conquérir un peu de terrain sur leur inertie, que je les ai émus, sans toutefois les tirer de leur abstention obstinée. »

XXV

Après l'échec de l'armistice, l'Europe fut vivement frappée; et quelques puissances tentèrent de mettre l'Angleterre en mouvement pour arriver à une reprise des pourparlers. L'Espagne et l'Italie lui font une insinuation en ce sens. L'Angleterre n'en a cure, et elle ne s'arrête pas davantage aux instances que lui adresse l'Autriche sur un ton vraiment touchant : il s'agit d'une démarche faite auprès de lord Granville par le comte Apponyi, au nom du comte de Beust. Lord Granville en rend compte à la date du 10 octobre, à l'ambassadeur à Vienne. Le comte Apponyi, après avoir débuté par un passage que nous avons reproduit plus haut au sujet de l'esprit dans lequel l'Autriche s'était affiliée à la Ligue des Neutres, ajoutait : « Il est impossible pour l'Autriche de prendre l'initiative ; mais les raisons qui l'entravent à cet égard ne s'appliquent pas à l'Angleterre et à la Russie, dont les relations avec les belligérants sont telles que leur impartialité ne saurait être soupçonnée. Les Cabinets de Londres et de Saint-Pétersbourg n'auraient qu'à exprimer le désir général de l'Europe de voir la fin des hostilités, et l'Autriche se serait avec bonheur jointe à eux pour plaider la cause de la paix, dans l'intérêt de l'humanité non moins que de la politique..... Si l'Autriche était forcée de renoncer à prendre l'initiative, elle n'en était pas moins impressionnée par le désir de voir l'Europe sortir de l'espèce de torpeur dans laquelle elle semblait plongée. » Lord Granville répond à ce pressant appel « qu'il sera prêt à examiner toute proposition précise du Gouvernement autrichien, mais qu'il craint bien qu'un conseil général de modération donné aux deux parties n'ait aucun effet quant à présent. »

Cependant, à peine quelques jours plus tard, le 16 octobre, et alors qu'il avait récemment encore fait adresser à M. Jules Favre qui renouvelait ses instances, la réponse la plus décourageante, lord Granville tentait en faveur de la France un effort bien modeste assurément, et demeuré d'ailleurs sans suite, mais qui, tel qu'il est, tranche si nettement avec l'inertie passée et l'inertie postérieure du Cabinet, qu'il apparaît inexplicable à première vue. Un membre de la Chambre des Communes manifestait aussi par la suite son étonnement profond à cet égard en relevant dans les publications parlementaires la dépêche relative à cet incident : « Cette dépêche isolée, qui n'a laissé trace de son esprit dans aucune partie de la correspondance échangée, semble quelque chose d'aussi extraordinaire que le cas du crapaud qu'on avait trouvé enfoui dans l'intérieur d'un rocher ne présentant aucune ouverture, si bien qu'on ne pouvait s'expliquer par où l'animal avait pu pénétrer. »

Après coup, le phénomène est beaucoup moins extraordinaire ; il est au contraire bien en harmonie avec les dispositions égoïstes de la politique anglaise. La démarche en question consistait en une dépêche adressée par lord Granville à sir A. Buchanan, ambassadeur à Saint-Pétersbourg, pour l'inviter à proposer au prince Gortschakoff une entente commune en vue de la paix : « Je voudrais que V. Exc. demandât confidentiellement au prince Gortschakoff, si, dans son opinion, il y aurait moyen que l'Angleterre et la Russie arrivassent à une entente sur les conditions d'une paix possible; en cas de réponse affirmative, vous lui demanderiez s'il pense qu'il y aurait moyen d'arrêter le siège de Paris, dans le cas où, d'accord avec d'autres pouvoirs neutres, l'Angleterre et la Russie feraient appel à l'humanité du roi de Prusse d'un côté, et d'un autre côté recommanderaient la modération au Gouvernement français ».

Disons de suite que la Russie, qui méditait à ce moment son projet contre les traités de 1856, déclina une action commune. La proposition avorta donc; et le cabinet, épuisé de cet effort, retomba dans son inertie. C'est ce réveil si court, c'est cette bonne intention interrompue dans ses effets qui suscitaient les scrupules de lord John Russell, et l'amenaient, un peu plus tard, à diriger un blâme contre lord Granville, pour une faute, — la seule à relever d'ailleurs, estimait-il, — dans une politique constamment marquée au coin d'une si admirable neutralité.

Quoi qu'il en soit, cette tentative, qui n'était nullement le résultat d'une impulsion généreuse, avait été provoquée tout simplement par une insinuation habile que M. Thiers avait faite au cours de son entretien avec lord Granville. Spéculant avec adresse sur les sentiments de jalousie que l'Angleterre éprouvait pour la Russie, il avait demandé innocemment au chef du Foreign Office s'il ne verrait pas d'inconvénient à ce que la France sollicitât la médiation de la Russie. Le coup avait porté, et lord Granville, qui ne se souciait pas de laisser prendre à la Russie l'initiative d'une démarche pouvant donner à celle-ci une certaine prépondérance, et resserrer ses liens avec nous, voulut essayer alors de se joindre à elle pour ne pas lui laisser tout le mérite de l'entreprise. Voilà le secret de la fameuse dépêche du 16 octobre : ainsi expliquée elle cesse d'être une énigme, et n'est, sous un aspect différent, qu'une manifestation nouvelle d'une politique uniforme dont le caractère peu élevé a déjà été signalé.

XXVI

Cette politique réapparaît immédiatement après le 16 octobre, et la bonne volonté des puissances comme les instances de la France viennent s'y heurter en pure perte. Le 19 octobre, le Ministre des Affaires Étrangères d'Italie exprimait à l'ambassadeur anglais à Florence, Sir A. Paget « la conviction que c'était maintenant l'heure pour les puissances neutres d'agir, et qu'avec un peu de pression sur les belligérants, on arriverait aux conditions de paix ». « J'ai répondu, — dit l'ambassadeur — que je ne pouvais pas engager mon Gouvernement, mais que quant à moi, je craignais qu'un appel à la Prusse n'aboutît pas, s'il n'était pas accompagné d'une indication que le Gouvernement français était disposé à modifier son programme absolu : *pas un pouce, pas une pierre* ».

Quelques jours avant, M. Tissot, notre ambassadeur, était allé trouver lord Granville, et lui avait dit que la France avait lieu d'espérer le concours armé de l'Italie. Le Gouvernement de la Défense demandait à l'Angleterre d'encourager l'Italie à nous aider, ou du moins de ne pas la détourner de nous fournir son appui. Lord Granville répond qu'il consultera le Cabinet. « Mais j'ai dit, — ajoute-t-il, — que j'étais sûr d'avance que mes collègues seraient unanimes à considérer comme impossible de conseiller à l'Italie de se départir d'une neutralité que nous avons nous-même adoptée. » Quant à la demande subsidiaire de M. Tissot, que, tout au moins, on ne détournât pas l'Italie de nous prêter son concours, lord Granville ne veut prendre aucun engagement.

En disant plus haut qu'après le 16 octobre le Cabinet était retombé dans son inertie, nous nous exprimions d'une façon trop absolue, et nous ne rendions pas au Ministère une complète justice. Il faut encore relever à son actif, quelques jours après, une démarche dont les uns feront honneur à son esprit d'humanité, que d'autres plus sceptiques attribueront toujours à la frayeur jalouse de voir l'Angleterre devancée par la Russie. En tous cas, cette démarche a été exécutée dans un esprit tellement timoré, avec une réserve si craintive, que la défaillance du Ministère y est mise en lumière plus que ses tendances à l'action, et qu'une mesure à laquelle un peu de courage et de bon vouloir eût imprimé l'efficacité, est demeurée vaine et stérile. Il s'agit des ouvertures pour une deuxième tentative d'armistice qui, à la date du 21 octobre, furent faites par lord Granville à M. de Bismarck, sous le couvert de l'ambassadeur à Berlin, lord Loftus.

On sait qu'à la suite de ces ouvertures, des négociations furent engagées, et que l'émeute du 31 octobre servit de prétexte à M. de Bismarck pour les rompre. C'était quelque chose, sans doute, de la part du Cabinet anglais, que de prendre l'initiative d'une proposition pouvant amener la paix. Mais après avoir présenté la demande, il ne fallait pas l'abandonner à elle-même comme une lettre qu'on expédie par le courrier, et sur le sort de laquelle on se remet au facteur. Il fallait, pour qu'elle eût chance de porter ses fruits, la patronner et la soutenir, et ne pas lui laisser le caractère banal d'un vœu philanthropique auquel, en la forme, sinon au fond, M. de Bismarck saurait aisément se dérober, comme il s'y était déjà dérobé la première fois. Les Cabinets devaient placer le chancelier en face d'une base de négociations bien définie, bien délimitée, que celui-ci n'eût pu rejeter sans une sorte de défi jeté aux puissances. Cette procédure s'imposait d'autant plus au ministère qu'à plusieurs reprises il avait cru devoir engager le Gouvernement français à se montrer moins inflexible sur les conditions de paix, lui laissant entendre que dans la formule « pas un pouce, pas une pierre, » le second terme se dressait comme un obstacle à toute négociation, et lui insinuant par contre que le refus de céder une parcelle quelconque de territoire était justifié. Or, en donnant ces conseils, lord Granville n'assumait-il pas une responsabilité évidente? Ou, en pressant ainsi la France de réduire ses prétentions, il faisait une œuvre oiseuse; il s'immisçait indiscrètement dans nos affaires, et se départait de la réserve à laquelle les États sont tenus les uns vis-à-vis des autres et dont il avait maintes fois lui-même affiché l'observation; ou il prenait l'obligation positive de soumettre au vainqueur les propositions françaises atténuées par la France sous l'influence de l'Angleterre, modérées par déférence à ses avis.

Pour suivre cette voie qu'il était tenu de prendre, le Gouvernement n'avait qu'à s'inspirer des dispositions des puissances comprenant bien toutes que le terrain des négociations devait être délimité. Ainsi, dès le 17 octobre, le prince Gortschakoff déclarait à l'Autriche que le czar, dans sa correspondance particulière avec le roi de Prusse, avait exprimé l'espoir qu'il n'y aurait pas d'annexion du territoire français. L'Italie se prononçait également pour une paix basée seulement sur la cession des forteresses : M. Visconti Venosta déclarait, le 2 novembre, que c'était là la paix qui lui paraissait assise sur les plus solides garanties. C'est ce qu'il avait eu soin de dire à l'envoyé de France. Mais comme celui-ci lui demandait que l'Italie se joignît aux autres Gouvernements à l'effet d'arriver à une déclaration demandant un traité sur cette base, M. Visconti avait dû répondre, — et il communiquait sa réponse à lord Granville, — qu'avant de se prononcer, il devait consulter les autres Gouvernements. L'Angleterre resta sourde à ces appels.

L'histoire diplomatique de cette période fait clairement comprendre pourquoi le Cabinet britannique, après avoir semblé faire un pas vers nous, s'est ainsi arrêté, laissant son œuvre interrompue. Ici encore c'était l'attitude de la Russie qui guidait la sienne. Quand il s'était avancé, c'est qu'il avait cru que la Russie, tout en repoussant, le 16 octobre, l'intervention en commun, voulait faire isolément en notre faveur un sérieux et décisif effort, et il n'avait pas voulu lui laisser prendre les devants. Mais il ne tarda pas à se rendre compte, à la suite de certaines communications imprudentes de la Délégation de Tours, que la Russie ne bougerait pas ; rassuré alors de ce côté, il laissa aller à vau-l'eau la démarche dont il avait pris l'initiative, et s'abandonna de nouveau à sa torpeur (1).

Le 30 novembre, M. de Chaudordy implorait encore vainement lord Granville par l'organe de M. Tissot : « Si le Cabinet de Londres, - disait M. de Chaudordy, - confiant dans l'opinion publique en Angleterre et dans le reste du monde, déclarait en telle forme

____

(1) V. *Histoire diplomatique de la guerre franco-allemande,* par Albert Sorel, t. II, chap. ii, § 3.

qu'il jugerait convenable que l'exigence d'une cession territoriale par la France serait contraire à la justice, à l'humanité, à l'intérêt de l'Europe, à celui de la Prusse elle-même, l'Angleterre obtiendrait certainement l'assentiment de toute l'Europe à une telle déclaration... Car la Russie elle-même n'hésiterait pas à y acquiescer. » — « J'ai répondu, — dit lord Granville, — que... la proposition me semblait presque semblable à celle qui avait déjà été faite au Gouvernement de S. M. par le Gouvernement de Tours ; que la réponse avait été que le Gouvernement de S. M. n'était pas disposé à s'avancer à moins d'avoir raison de croire que son intervention serait acceptable ou efficace..... Quant aux conditions d'une paix éventuelle, j'ai dit que le Gouvernement de S. M. n'avait donné son opinion ni à la France, ni à la Prusse, et ne voyait aucune raison pour changer son attitude ».

C'est ainsi que toute latitude fut laissée à M. de Bismarck pour rejeter un armistice dont il ne voulait pas, et c'est ainsi que les pourparlers à cet égard échouèrent pour la deuxième fois.

XXVII

Cependant la France tâchait de mettre les puissances en avant pour une troisième tentative de négociations ; et, le 23 novembre, le comte Apponyi, au nom de l'Autriche, appuyait la demande auprès de lord Granville. Il disait que la France se faisait forte d'avoir l'appui de l'Italie et de l'Espagne, et demandait qu'on profitât, pour aborder la question de la présence à Versailles de M. Odo Russell, en mission extraordinaire auprès du Roi. Mais lord Granville refusa, en craignant de mécontenter la Prusse qui paraissait tenir à ce que la France s'abouchât avec elle directement, sans intermédiaire.

En revanche, l'Angleterre était une des premières puissances à adresser au nouvel Empereur d'Allemagne, dès la fin de décembre, un envoyé extraordinaire pour le féliciter de son couronnement. Cet empressement du Cabinet fit le plus mauvais effet dans l'opinion, qui retint le fait comme un cruel manque de courtoisie vis-à-vis de la France. Mais les ministres, dans leur ardeur à rendre hommage au souverain victorieux, ne songeaient guère à ces délicatesses, et ne paraissaient pas avoir conscience que le couronnement avait lieu à Versailles, sur le sol français, occupé par les troupes allemandes.

Nos misères se succédèrent jusqu'en janvier. Ce fut seulement à cette heure, quand la France écrasée était absolument à la merci du vainqueur, que Paris affamé ne pouvait plus tenir, alors que l'intervention d'une puissance ne pouvait désormais apparaître, aux yeux du vainqueur le plus ombrageux, que comme un acte de charité, quelque chose comme la venue du ministre des dernières prières, mais non comme une tentative pour mettre un frein à des succès dont le cours avait été complètement déroulé, ce fut seulement alors que lord Granville se décida à faire faire, par lord Loftus, une démarche auprès de M. de Bismarck : « Le Gouvernement de S. M. ne se permet pas de suggérer une proposition quant aux conditions sur le pied desquelles l'Allemagne serait préparée à traiter. Mais il croit qu'une déclaration des vues du Gouvernement impérial et de ses dispositions à négocier pourrait hâter la fin des malheurs du siège de Paris, des horreurs de la guerre, et aussi même des pertes que subissent en France les armées victorieuses. »

A l'époque des négociations qui précédèrent le traité de paix, le Ministère, voulant donner satisfaction à l'opinion et au Parlement, fit en notre faveur un dernier effort. Le duc de Broglie avait été envoyé à Londres comme ambassadeur; et quoique l'heure fut alors bien avancée pour chercher à modérer les exigences de l'Allemagne, il avait demandé cependant que le Cabinet voulût bien entreprendre cette tâche. Il ne put s'empêcher d'inaugurer l'entretien avec lord Granville par l'expression adoucie, mais ferme, de nos griefs. « Le duc de Broglie m'a dit, — écrit lord Granville à lord Lyons, — que la France trouvait que notre conduite avait été froide; qu'on avait été désappointé que nous n'eussions pas reconnu la République, et désappointé aussi de notre indifférence pendant que la France souffrait tant. »

Laissant ensuite de côté les récriminations, notre ambassa-deur demanda à lord Granville que le Cabinet intervînt pour faire réduire l'indemnité de guerre réclamée par les Allemands. Le duc de Broglie ne connaissait pas à ce moment le chiffre exact de leurs exigences; il avait seulement entendu, de la bouche de M. Thiers, qu'on voulait nous faire payer 6 milliards. Le Cabinet se décida à la démarche ainsi sollicitée; et lord Granville, à la date du 24 février, adressa à lord Loftus, à Berlin, des instructions pour que des représentations fussent faites à M. de Bismarck.

Pour apprécier la portée de cette démarche *in extremis*, il suffit de noter que la dépêche est du 24 février, qu'elle ne pou-vait arriver à Berlin que le 26, et que la veille les préliminaires de paix étaient signés (1). Au Parlement, on a reproché à lord Granville de s'être moqué et des Chambres et de la France, en se livrant, pour réhabiliter le ministère, à une démonstration qu'il savait n'être qu'une comédie. A Dieu ne plaise que nous lui prê-tions tant de machiavélisme! Mais il a dû être si heureux que sa dépêche fût arrivée trop tard, l'accident secondait si oppor-tunément sa politique de trembleur, qu'une supposition malveil-lante était excusable.

Ainsi, avant comme après Sedan, sauf quelques sursauts ins-pirés par une compassion sans fermeté, ou même seulement par jalousie de la Russie, le Ministère n'a pas changé vis-à-vis de nous sa politique de laissez-faire : d'autant plus coupable que, par l'organisation de la Ligue des neutres, il avait assumé une responsabilité devenant chaque jour plus écrasante avec le cours des événements. La seule différence entre son attitude après la

---

(1) Peu s'en fallut que cette démarche tardive, loin de nous servir, nous devînt nuisible. M. Jules Favre, dans son livre sur le *Gouvernement de la Défense nationale* (t. III, p. 111), raconte comment, à l'époque, M. Thiers et lui, débattant à Versailles avec M. de Bismarck non plus le chiffre mais le mode de paiement de l'indemnité, ils virent l'humeur du chancelier s'altérer tout à coup. Son langage devint impétueux, presque emporté. L'explication de ce changement, c'est, - dit M. Jules Favre, - qu'il avait reçu la veille au soir communication de la dépêche que Lord Granville avait expédié à Lord Loftus. Il ne dissimula pas longtemps d'ailleurs la cause de son irritation : « Je le vois bien, s'écria-t-il, vous n'avez d'autre but que de rentrer en campagne; vous y trouverez l'appui et les conseils de vos bons amis messieurs les An-glais. »

révolution et son attitude antérieure, c'est qu'il a cessé de se complaire à la vue de nos revers. Mais, qu'avions-nous à faire d'une foi qui n'agissait point, d'une foi sans les œuvres ?

XXVIII

Le Parlement qui s'était séparé au commencement d'août, ne rentra en session que le 9 février. Il refléta, dès le début, l'état de l'opinion nouvelle. On assista, notamment à la Chambre des Communes, aux mêmes manifestations de sympathie pour la France, non cependant sans entendre aussi quelques expressions malveillantes, écho d'un petit groupe hostile qui avait sa place dans les Chambres comme dans le pays. En général d'ailleurs, ce fut surtout le parti tory qui soutint la France, parce que c'était un ministère libéral qui l'avait abandonnée. En tous cas, s'il fallait porter un jugement sur la sincérité du mouvement qui se dessina ainsi, on pourrait dire, sans être taxé d'injustice ou de sévérité, qu'il était peut-être quelque peu factice, et que tous ces gens qui criaient si haut en notre faveur essayaient un peu de se faire illusion à eux-mêmes. Les adversaires du Ministère étaient enchantés de trouver un prétexte pour l'accabler, enchantés aussi de trouver l'occasion, en émettant à bon marché et après coup des théories généreuses, de se réhabiliter aux yeux de l'Europe. Mais si on laisse de côté tous les discours prononcés, *verba et voces*, pour arriver aux actes, c'est-à-dire aux votes, on voit que toute cette rhétorique n'a pas abouti a l'adoption d'une résolution mettant le Ministère en demeure d'agir pour la France. Sans doute, à ce moment, une intervention quelconque n'eût guère pu modifier les conditions du traité de paix. Mais enfin, des représentations pouvaient être tentées. Au fond, on sent que dans le Parlement régnait un sentiment de soulagement que l'affaire fût terminée sans que l'Angleterre y laissât trop de plumes. On aboyait bien fort ; on sommait le Ministère de marcher ; au fond, on tremblait qu'il n'obéît à la sommation.

La discussion de l'Adresse fournit tout de suite matière à discuter la politique extérieure. A la Chambre des Lords le débat fut assez sommaire. Il faut cependant signaler une phrase dédaigneuse et malveillante à notre endroit, quoique empreinte d'une fausse compassion, que prononça le marquis de Westminster, le représentant d'une des plus illustres familles whig désigné par la Couronne pour soutenir le projet d'Adresse : « Quoique nous puissions tous penser, - dit-il, - que la France a reçu un châtiment non immérité, il faut espérer qu'un aussi grand conquérant montrera quelque générosité vis-à-vis d'un rival à terre. » La conduite du Gouvernement fut attaquée d'une façon générale, mais sans grands développements, et sans qu'un amendement fût présenté par l'Opposition au projet d'Adresse ; ce qui, d'ailleurs, n'est pas dans les usages de la Chambre des Lords. Le débat fut repris encore dans la haute Assemblée, le 6 mars, par le marquis de Salisbury, qui se plaignit de l'état peu satisfaisant des relations de l'Angleterre avec les autres puissances : « On nous accuse, dit-il, d'être une nation de boutiquiers. Faisons donc notre bilan, et voyons quelle est notre situation. Il y a trois grands pouvoirs dans le monde : la Russie, la Prusse et l'Amérique ; et par la façon dont elles nous traitent, nous pouvons juger en quelle estime nous sommes tenus dans le monde tout entier. Dans une matière grave, la Prusse a conclu un traité qui ne peut être défendu à aucun titre, et elle l'a conclu en dépit de nos remontrances. La Russie a saisi l'occasion de déchirer le traité que nous lui avions imposé en des temps plus heureux. L'Amérique, dans la salle de son Assemblée représentative, et dans la résidence du Chef du Pouvoir Exécutif, reçoit et honore ceux que nous avons chassés comme rebelles (1). » Plus loin, il disait encore : « Il nous est très difficile

(1) Allusion à la réception qui venait d'être faite à plusieurs fenians, lors de leur débarquement aux États-Unis après l'amnistie dont ils avaient été l'objet en Angleterre. Parmi eux figurait O'Donova Rossa qui avait été condamné en Irlande, en 1865, à la servitude pénale à vie pour *felony*. Le 30 janvier 1871, la Chambre des représentants, sur la proposition du général Butler, avait, par 172 voix contre 21, voté une adresse de bienvenue aux proscrits.

de nous tenir à l'écart des affaires de l'Europe. J'allais dire que c'est impossible; mais depuis que j'ai vu avec quelle désinvolture nous avons assisté dans notre coin à l'écrasement d'une grande nation, je n'ose plus me servir de cette expression. »

A la Chambre des Communes, le débat sur l'Adresse fut vif, mais sans que, là non plus, un amendement ait été proposé dans la discussion. M. Disraeli limita ses attaques à l'attitude des ministres avant la déclaration de guerre, leur reprochant de ne pas l'avoir prévenue; mais il ne s'expliqua pas sur les faits postérieurs. M. Baillie Cochrane se plaignit, lui, « du manque de sympathie qu'avait laissé voir le Gouvernement de Sa Majesté en présence des grands désastres de nos anciens amis et alliés »; et il cita à l'appui le discours du Secrétaire d'État à l'Intérieur, M. Bruce, dont nous avons rapporté plus haut un passage. Après lui, un autre membre, parlant dans le même sens, manifesta l'espoir que « la Chambre ferait entendre au Gouvernement son ardent désir que, dans l'intérêt de la paix de l'Europe et de la prospérité de l'Angleterre, il adressât des représentations à l'Allemagne indiquant d'une façon légitime que l'Angleterre était opposée à une extorsion ». Le vœu qu'il exprima fut d'ailleurs un vœu en l'air, auquel il ne donna pas la forme d'une motion pouvant être soumise au vote.

XXIX

Un journal caractérisait assez bien la physionomie de cette séance dans laquelle les membres désireux de manifester leurs sympathies pour la France, voulaient, avant tout, que l'Angleterre ne se commît pas dans l'arène, et où ils consentaient bien à s'agiter bruyamment pour notre cause, pourvu que, comme les choristes d'opéra, ils pussent piétiner sans avancer : « Quand M. Gladstone, – dit le *Spectator*, – débuta en se défendant du reproche d'égoïsme, et en s'écriant : « Nous n'avons jamais pré-

« tendu souscrire à la doctrine qu'une guerre entre les belligé-
« rants ne concerne qu'eux seulement », cette déclaration fut
accueilie d'une façon glaciale, même par les défenseurs du Ministère. Tous tremblaient, voyant déjà, en vertu de cette déclaration de principes, le Cabinet élevant la voix vis-à-vis de l'Allemagne. Ils ne respirèrent que lorsque M. Gladstone, continuant
par une phrase à la hauteur des sentiments belliqueux de son
auditoire, eut ajouté que « les neutres pourraient se trouver dans
« le cas d'exprimer, relativement aux conditions de paix, une opi-
« nion défavorable aux Allemands, mais qu'ils parleraient dans
« des termes fort doux, et que cette intervention aurait seule-
« ment pour effet d'accentuer la cordialité des rapports entre les
« hommes ». Alors seulement les bravos éclatèrent lorsqu'on fut
bien sûr qu'à tout événement, on ne ferait que des représentations toutes anodines, et que le calme olympien de l'Angleterre
n'en serait pas troublé. Il y aura, - dit le *Spectator*, - en terminant
son article, une Vénétie française, c'est vrai, et il y aura aussi
des semences de guerre pour plusieurs années. Mais le doux
murmure de reproche sympathique qui met en repos la conscience des neutres ne saurait être regardé comme une source
de dangers pour personne. »

Une réflexion vient se placer ici pour faire suite aux commentaires ironiques du journal. En entendant ces déclarations inco-
lores avec lesquelles un ministère pusillanime osait à peine
affronter un auditoire non moins timide, plus d'un vétéran de la
politique pouvait faire un retour en arrière, et juger de la sorte,
par un rapprochement avec la situation présente, à quel point le
Parlement était dominé par la crainte de l'Allemagne, et comme
il la redoutait plus aujourd'hui qu'il n'avait, peu d'années avant,
redouté l'Europe tout entière. Les hommes qui étaient déjà
mêlés aux affaires publiques, lors de l'unification de l'Italie, pouvaient en effet se souvenir comment, en 1860, lord John Russell,
en ce temps-là Ministre des affaires étrangères, avait hardiment,
à l'encontre des puissances, aux applaudissements des Chambres,
soutenu la politique révolutionnaire du Gouvernement de Victor-
Emmanuel. Alors ni le mécontentement de la France qui avait
espéré étouffer la révolution dans sa source, ni celui de l'Autriche,
ni encore moins celui de la Prusse ne l'avaient arrêté : au contraire, le Cabinet ayant conscience de sa force, semblait se com-

plaire dans une certaine crânerie vis-à-vis de l'Europe ; et aujourd'hui que la nation n'avait à compter qu'avec l'Allemagne
toute seule, elle tremblait de faire entendre sa voix sur une question du genre de celles dont, dix ans auparavant, elle s'était faite
le champion ; elle se taisait quand, dans une partie de l'Europe,
le vainqueur venait d'établir un état de choses analogue à celui
que la Révolution de 1860 avait aboli dans un autre coin du continent. Quelle leçon pour les politiciens à courte vue qui, comme
le secrétaire d'État à l'Intérieur, M. Bruce, avaient donné à entendre que les succès de l'Allemagne assuraient la domination
anglaise !

XXX

Revenons dans l'enceinte des Communes, et reprenons le
compte rendu des sympathies platoniques qu'on nous y témoi-
gnait.

Le 17 février, quelques jours après le débat de l'Adresse, une
motion, bien précise cette fois, mais dont la cause française ne
tira pas plus de profit que des paroles non enserrées dans un
ordre du jour, fut présentée en notre faveur par M. A. Herbert.
Il demanda à la Chambre de déclarer « qu'il est du devoir du
Gouvernement de S. M. d'agir de concert avec les puissances
neutres pour obtenir des conditions modérées de paix ; qu'il est
de son devoir de refuser tout acquiescement à des conditions qui
porteraient atteinte à l'indépendance de la France, ou menace-
raient la tranquillité de l'Europe. » A l'appui de cette proposition, il prononça contre le Ministère, dont il était cependant un
des partisans, un réquisitoire sévère dans lequel étaient relatés
tous les griefs auxquels ce Ministère avait prêté le flanc pendant
la campagne.

Après lui, sir R. Peel, quoique ministériel lui aussi, parla dans le même sens, raillant avec esprit la timidité constante dont le Cabinet avait fait preuve et dont son style même portait témoignage, alors que, dans toutes ses dépêches, le chef du Foreing-Office ne s'exprimait jamais autrement que sous cette forme : « Nous nous sommes *hasardés* à faire..., nous nous *hasarderons* à faire observer. » « Est-ce là, - s'écriait M. R. Peel, - est-ce là le langage qui convient à une grande nation ? Sont-ce là les expressions qu'on aurait trouvées dans la bouche de lord Palmerston ?... Nous avons poursuivi une politique d'isolement égoïste ; et pour justifier ce jugement, en ce qui touche la politique du Gouvernement, il suffit de se référer au *Blue Book...* En le lisant, on éprouve un profond chagrin. Nous sommes absolument impopulaires au dehors. Nous avons perdu tout prestige. » — « Le *Blue Book*, dit à son tour M. Baillie Cochrane, est constamment dominé par cette idée : — Laissons-les se tirer d'affaire, — et ce, nonobstant que les puissances neutres étaient préparées à assister l'Angleterre, dans ses efforts pour arriver à une paix honorable. Le simple sentiment d'humanité pousserait un homme à empêcher dans la rue une personne de maltraiter un passant. Et cependant, quand le Gouvernement, dans les difficultés présentes, a été mis en demeure d'agir, il a semblé dominé par cette idée qu'une intervention de sa part ferait plus de mal que de bien. »

M. Torrens, en attaquant aussi le Gouvernement, vint prononcer des paroles de sympathie pour la France, à laquelle il fit une touchante application de ces vers de Roméo, s'adressant dans le caveau des Capulets à Juliette, tenue pour morte : « Tu n'es pas conquise, l'emblème de la beauté rougit encore ta lèvre et ta joue : et le pâle étendard de la mort ne s'est pas encore avancé jusqu'ici (1). »

Un Français qui aurait assisté dans une tribune à cette longue discussion, aurait éprouvé une satisfaction patriotique, bien cependant que quelques paroles malsonnantes aient éclaté à

(1)   Thou art non conquered ; beauty's ensign yet
    Is crimson in thy lip, and in thy cheek,
    And death's pale flag is not advanced there.

certains moments. Un membre, M. Cartwright, est venu nous reprocher notre conduite en 1859, et dire qu'après nous être présentés à l'Italie en libérateurs, nous avions « extorqué » d'elle Nice et la Savoie. Un autre membre, M. Muntz, est venu entonner le même refrain : « A moins que la République française, ayant obtenu ces deux provinces par accident, ne se montre disposée à les rendre, elle n'a pas droit de se plaindre d'être traitée comme une nation conquise. » Ce ne furent là, d'ailleurs, que des notes discordantes dans l'harmonie de toutes les protestations en notre faveur. Mais à quoi aboutirent-elles ? A quoi aboutit ce brillant débat ? Au vent de la fable !

M. Gladstone se leva le dernier, et, après avoir défendu la politique du Cabinet, expliqua, qu'à l'heure actuelle, une intervention de l'Angleterre irait contre le désir des belligérants. Il se borna à une promesse beaucoup trop vague pour l'obliger aucunement. Il prit l'engagement que le Cabinet se montrerait vigilant, et affirma qu'il serait heureux si l'Angleterre pouvait inscrire dans le registre de ses hauts faits, celui d'avoir contribué à adoucir les conditions de la paix. Mais en somme, il conclut en demandant à M. A. Herbert de retirer sa motion par ce motif qui, hélas ! n'était que trop fondé, à savoir qu'elle réunirait seulement un nombre infime de voix, et masquerait ainsi à l'opinion européenne le réel désir du pays de voir la paix assise sur des bases modérées. M. A. Herbert se rendit donc, et retira sa motion.

Telle fut la fin de cette passe d'armes au cours de laquelle aucun membre important de l'Opposition, aucun des anciens ministres n'avait osé se lever pour notre cause.

Une dernière démonstration, non moins vaine, et se plaçant d'ailleurs à une date où une démarche efficace ne pouvait plus être sérieusement tentée, fut encore faite le 31 mars à la Chambre des Communes. Devant une assemblée presque vide, M. Baillie Cochrane qui, à plusieurs reprises déjà, comme on l'a vu, avait manifesté ses penchants pour la France, déposa une proposition déclarant « que la Chambre ayant appris les conditions imposées par la Prusse à la France, a confiance que le Gouvernement de S. M., dans l'intérêt de la tranquillité future de l'Europe, emploiera ses bons offices avant que les négociations pour la paix soient terminées, à l'effet d'obtenir du Gouvernement Impérial un adoucissement à la sévérité de ces conditions. » M. Gladstone n'eut pas de peine à établir l'inutilité de la motion que l'orateur dut retirer.

L'ère de ces témoignages pompeux et stériles était désormais close, puisque le traité de Francfort allait, à quelques jours de là, enlever tout intérêt à la discussion sur des faits acquis.

Indépendamment des motions que nous avons rappelées, le Parlement accentua, entre temps, ses inclinations françaises par une série de questions de détail adressées au Gouvernement sur l'attitude qu'il comptait prendre dans les derniers incidents qui acompagnaient alors le dénouement de la sanglante épopée. Cette forme parlementaire de la *question,* si usitée dans les Chambres anglaises où elle est poussée jusqu'à l'abus, offrait l'avantage de permettre avec le moins de risques possibles un facile étalage de sentiments généreux, puisqu'aucun vote ne s'en suivait, et qu'on n'avait pas à craindre dès lors d'engager le pays; elle était fort du goût des politiciens timides du temps, et s'accommodait à leur degré de hardiesse. C'est ainsi que le Ministère fut successivement interpellé au sujet de la conduite de lord Lyons, qui avait quitté Paris au moment de l'investissement, — au sujet d'une lettre de félicitations, que la Reine, le prince de Galles, et le duc de Cambridge auraient adressée au Prince Impérial d'Allemagne pour le succès de ses armées, — au sujet de l'entrée des Prussiens dans Paris, pour savoir, - disait le membre qui questionnait, - « si le Gouvernement a fait des démarches pour dissuader les autorités prussiennes d'une marche triomphale qui ne peut avoir pour objet que l'humiliation de la nation française, et peut entraîner les plus désastreux résultats. » On demanda encore si « l'Attaché militaire de Berlin recevrait des instructions sur le point de savoir s'il devrait entrer dans cette capitale avec l'armée prussienne revenant en procession triomphale. » Le Ministère répondit que l'attaché militaire avait reçu ordre de retourner en Angleterre aussitôt que le Prince d'Allemagne aurait quitté la France. C'étaient là autant d'adoucissements qu'on nous prodiguait à bon compte pour panser les blessures qu'on nous avait faites.

XXXI

Nous venons de passer en revue la politique anglaise pendant une lamentable époque. Quelle réflexion cette étude emporte-t-elle avec elle? Quel enseignement pratique s'en dégage? Nous sommes désormais bien fixés au moins sur un point, soit sur le compte qu'il faudrait faire, en cas de danger extérieur, du dévouement de nos voisins à notre cause. D'une part, quelquefois pour leur bien, sinon toujours pour leur honneur, ils écartent invariablement le sentiment de la politique, et ne donnent accès dans ce domaine ni à la sympathie, ni à la reconnaissance. D'autre part, si ces traditions devaient plier devant un attachement profond pour une nation sœur, nous ne saurions nous flatter d'être jamais l'objet d'une telle préférence. Faut-il croire en effet à une amitié bien vive chez ceux qui, pendant notre temps d'épreuve, ont, malgré tant de meilleurs souvenirs à évoquer, laissé revivre en leur cœur les vieilles jalousies et les vieilles rancunes; et peut-on oublier que, quand la majorité, instruite par les événements, revenait à résipiscence, une minorité non des moins éclairées, et contenant même des illustrations dans son sein, conserverait contre nous ses préjugés et ses haines (1).

(1) Ces haines, elles se sont fait jour à bien des reprises, depuis la chute du premier Empire, et quelquefois dans des conditions bien singulières. Ainsi, au mois de septembre 1833, le roi Guillaume IV, à Windsor, à la fin d'un grand repas militaire qui terminait une revue, levait son verre en disant à ses hôtes : « qu'il espérait bien que si jamais ils avaient à tirer l'épée, ce serait contre les Français, les *ennemis naturels* de l'Angleterre. » Cette algarade perd, il est vrai, de son importance, si on la fait suivre du commentaire légèrement irrespectueux dont l'accompagne Greville dans son *Journal des règnes de Guillaume IV et de la reine Victoria* (t. III, p. 33) : « Si ce n'était pas un tel âne (dit-il en parlant du roi), que chacun ne fait que rire de ses paroles, l'incident pourrait avoir une grande importance; mais venant de lui, c'est insignifiant. »

Si maintenant, nous plaçant sur un terrain tout autre, nous nous demandons ce que ferait l'Angleterre soucieuse seulement de ses intérêts, mais singulièrement vigilante sur ce point, au cas où la France serait menacée, ici nous pouvons répondre, qu'édifiée par la leçon de 1870, elle a pu s'apercevoir que sa grandeur et sa force n'étaient pas tout à fait indépendantes de la grandeur et de la force de la France, et elle ne se montrerait plus sans doute si accommodante pour qui voudrait porter la main sur l'élément essentiel de l'équilibre européen.

On l'a pu voir en 1875, et avec quelle intensité l'émotion s'est éveillée dans le Parlement, quand des bruits de guerre ont circulé, et qu'on a craint un instant la reprise de la lutte entre la France et l'Allemagne. Des questions pressantes furent alors adressées au Ministère par sir Ch. Dilke et par le marquis de Hartington à la Chambre des Communes, par lord John Russell à la Chambre des Lords, questions qui trahissaient l'anxiété publique : « Le Gouvernement de S. M., — demandait lord Hartington, le 24 mai, — a-t-il adressé des représentations aux Gouvernements de France et d'Allemagne, au sujet des relations existant entre ces États ? En ce cas, a-t-il une objection à dire quelle est la nature de ces représentations, et à produire les réponses qu'il a reçues ? » Et M. Disraeli répondait : « Le Gouvernement a conseillé à S. M. de faire des représentations au Gouvernement allemand sur les relations existant entre la France et l'Allemagne..... à l'effet d'effacer des malentendus et d'assurer la paix. Nous avons reçu une réponse satisfaisante. » Les craintes d'orage se sont en effet bientôt dissipées ; mais si la tempête eût sévi, l'Angleterre ne paraissait pas cette fois d'humeur à la contempler du rivage.

Quoi qu'il en soit, espérons que nous n'aurons pas de nouveau à mettre à l'épreuve l'amitié des Anglais. Traitons-les pour ce qu'ils sont, pour de bons compagnons aux heures de prospérité, pour des gens aimables comme ceux dont le monde nous offre le type, qu'on n'est pas toujours sûr de trouver dans l'adversité, mais qu'on est toujours certain, du moins, de rencontrer à ses côtés dans les jours d'heureuse fortune.

PARIS. — IMP. — C. MARPON ET E. FLAMMARION, RUE RACINE, 26.